Project Management

만화로 쉽게 배우는 프로젝트 매니지먼트

저자 / 히로카네 오사무(広兼 修)

BM (주)도서출판 성안당
日本 옴사 · 성안당 공동 출간

만화로 쉽게 배우는 프로젝트 매니지먼트

Original Japanese edition
Manga de Wakaru Project Management
By Osamu Hirokane and TREND-PRO
Copyright © 2011 by Osamu Hirokane, TREND-PRO
Published by Ohmsha, Ltd.
This Korean Language edition co-published by Ohmsha, Ltd. and Sung An Dang, Inc.
Copyright © 2011~2022
All rights reserved.

머리말

본서는 프로젝트 매니지먼트 입문서입니다.
- 직장이나 학교에서 프로젝트를 기획하거나 계획, 추진해야 하는 분
- 향후, 직장에서 프로젝트 매니저를 맡을 가능성이 있는 분
- 비즈니스 기술로 주목받고 있는 프로젝트 매니지먼트의 개요를 알고 싶은 분
- 가족여행이나 결혼식, 시험공부 등 생활 속에서 프로젝트를 성공시키기 위해 프로젝트 매니지먼트의 지식, 스킬을 활용하고 싶은 분

에게 추천하는 책입니다. 이미 프로젝트 매니지먼트를 공부하거나 실천하고 있는 분은 단기간으로 복습하고 확인할 수 있을 것입니다.

프로젝트 매니지먼트는 프로젝트를 성공시키기 위한 활동입니다. 빌딩을 건설하거나 로켓을 개발하는 것과 같은 대규모 프로젝트뿐만 아니라 여러 명이 같이 하는 프로젝트에서도 필요한 것입니다. 또, 프로젝트 매니지먼트에 관한 지식이나 스킬을 일상생활에서 이용하면 생각한대로 결과를 낼 수 있습니다. 즉, 프로젝트 매니지먼트는 모든 분에게 도움이 될 것입니다.

본서는 6장까지 있습니다. 각 장은 만화 부분과 만화를 보충 설명하는 문장해설부분으로 구성되어 있습니다. 만화만 보아도 프로젝트 매니지먼트의 개요를 이해할 수 있도록 되어 있습니다. 보다 자세히 이해하고 싶은 경우에는 보충설명부분을 보십시오.

본서 만화부분에서는 게임업계의 프로젝트를 바탕으로 하고 있습니다만 해설서로서 쉽게 이해할 것을 우선시했기 때문에 실제 게임업계에서의 역할분담과는 서로 다른 경우가 있습니다. 그 점 양해해주십시오.

프로젝트 매니지먼트를 누구나 할 수 있게 되고, 직장뿐만 아니라 생활에서도 도움이 된다면 더 이상 바랄 것이 없습니다.

본서를 집필할 기회를 주신 주식회사 옴사(ohmsha)의 모든 직원에게 감사드립니다. 만화 부분을 담당해주신 주식회사 TREND-PRO 직원, 시나리오를 담당하신 akino씨, 그림을 담당해주신 사누키얀씨에게 감사드립니다. 또, 본서를 집필할 때 조언을 해주신 예전 동료였던 能美容子씨, 上見雅孝씨, 福島豊씨 저희 회사 공동경영자이신 本部政利씨에게 감사드립니다.

주식회사 FUSION Hirokane Osamu

차례

프롤로그	1

제1장 / 프로젝트란   11

- **1-1** 프로젝트란? — 12
- **1-2** 프로젝트 매니지먼트란? — 15
- **1-3** 프로젝트의 목적과 성공기준 — 17
- **1-4** 프로젝트 매니저의 역할 — 19
- **1-5** 스테이크홀더란? — 23
- ■ 폴로 업 — 31
  - 프로젝트의 특징 — 31
  - 프로젝트 매니지먼트 지식체계 — 32
  - 목적이나 성공기준을 명확하게 한다 — 34
  - 프로젝트 매니저의 역할과 필요한 능력 — 35
  - 스테이크홀더의 역할 분류 — 37

제2장 / 프로젝트를 기획한다   39

- **2-1** 프로젝트 계획 — 40
- **2-2** 요구사항 수집, 정리 — 50
- **2-3** 작업 선별 — 58
- ■ 폴로 업 — 63
  - 프로젝트 계획서 — 63
  - 요구사항 — 66
  - 범위와 WBS — 67

제3장/프로젝트를 계획한다　　69

- **3-2** 작업순서와 산정　　70
- **3-3** 스케줄 작성　　76
- **3-3** 비용 산정과 예산 작성　　79
- **3-4** 프로젝트 계획서 작성　　82
- ■폴로 업　　87
  - 액티비티　　87
  - 스케줄을 작성할 때 주의해야 할 점　　79
  - 비용을 산정하는 방법　　91
  - 프로젝트 계획서를 작성할 때 주의해야 할 점　　93

제4장/프로젝트 작업에 착수한다　　95

- **4-1** 프로젝트 작업개시　　96
- **4-2** 조달 매니지먼트　　102
- **4-3** 품질 매니지먼트　　107
- **4-4** 리스크 매니지먼트　　113
- **4-5** 프로젝트팀의 매니지먼트　　117
- ■폴로 업　　129
  - 킥오프 회의　　129
  - 조달　　130
  - 품질　　132
  - 리스크　　134
  - 멤버와 팀의 매니지먼트　　135

제5장 / 프로젝트를 컨트롤한다 — 139

- **5-1** 진행상황 확인 — 140
- **5-2** 스테이크홀더에게 설명 — 145
- **5-3** 프로젝트 계획서를 재검토 — 151
- ■ 폴로 업 — 154
  - 적절한 진행 보고 — 154
  - 스테이크홀더 대응 — 155
  - 프로젝트 계획 변경 — 157

제6장 / 성과를 얻고 프로젝트를 종료한다 — 159

- **6-1** 6-1 프로젝트 작업 종료 — 160
- **6-2** 6-2 프로젝트의 성과확인과 반성 — 166
- ■ 폴로 업 — 173
  - 프로젝트 종료 직전 — 173
  - 프로젝트의 마지막 작업 — 173

애필로그 — 175

부록 / 결혼식 프로젝트를 매니지먼트하자 — 181

참고문헌 — 199

프롤로그

저야말로 잘 부탁드립니다! ...아, 이건 이력서에요.

본명은 나승기이군요!

네...

감사합니다...

갑자기 불러내서 미안해요. 승기씨.

승기씨가 대학교 4학년인데 아직 취직을 못했다는 걸 알고 나니까

초조해져서!

네트업계를 떠들썩하게 한 동인게임 크리에이터 제로 보이.

그런 참신한 게임을 학생이 만들다니 굉장해요!

대학을 다니면서도 한 해에 2개씩 신작을 계속 발표한 관리능력도 칭찬할 만해요.

김주현 사장님에게 연락이 온건 1주일 전이었다.

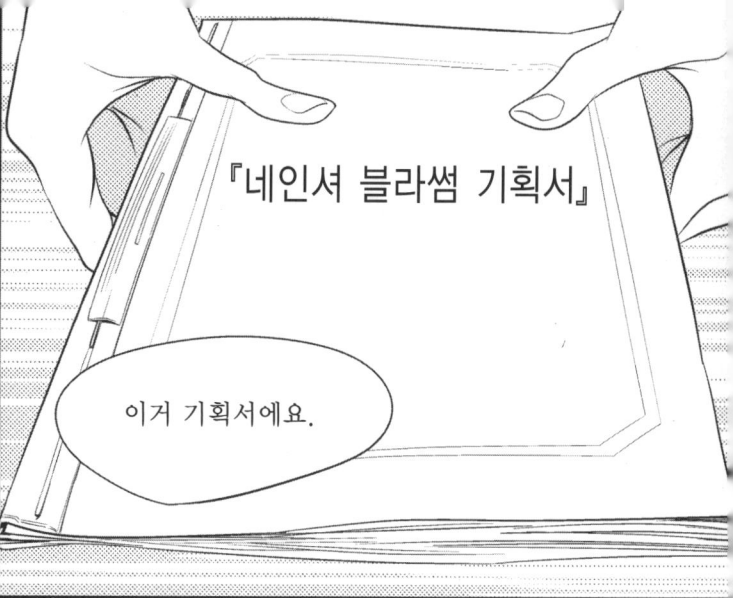

!!

제가…

…

제가 만든 게임을 다른 사람이 즐겁게 해줬으면 해서요.

게임을 하는 것만으로도 모두를 행복하게 만들고 싶어요.

CHAPTER 1
제1장

프로젝트란?

1-1 프로젝트란?
1-2 프로젝트 매니지먼트란?
1-3 프로젝트의 목적과 성공기준
1-4 프로젝트 매니저의 역할
1-5 스테이크홀더란?

■ 폴로 업
- 프로젝트의 특징
- 프로젝트 매니지먼트 지식체계
- 목적이나 성공기준을 명확하게 한다
- 프로젝트 매니저의 역할과 필요한 능력
- 스테이크홀더의 역할 분류

팅클 팅커

파이널 어카운트

업 오브 시티

이미 어떤 제품을 제조했거나 정형화된 일은 **"정상업무"**이지 프로젝트는 아니에요.

게임이라는 건 전부 독자적인 것이고, 그걸 정해진 기한 내에 만들어야 하니까 프로젝트라는 형식의 일이라고 하는 거예요.

그렇군요…

기획

그래픽

사운드

영업

프로그램

그것과 프로젝트에는 보통 여러 사람이 관여하고

예산

스케줄

품질

팅클·팅커

예산이나 스케줄, 품질 등의 여러 제약이나 조건 속에서

성공하기 위해 각종 활동을 해야 하는 특징이 있어요.

흠, 여러모로 생각해야 되는 군요…!

❖ 1-2 프로젝트 매니지먼트란?

그전에 프로젝트 매니지먼트란 '여러 지식이나 스킬을 사용해서 프로젝트를 성공시키기 위한 활동'이라고 하셨지요?

그래서 '프로젝트 매니지먼트'에 대해 배울 필요가 있어요!

하지만 프로젝트에 독자성이 있다면

프로젝트마다 성공시키기 위한 활동은 다르니까 배울게 없지 않은가요?

아니요.
프로젝트란 독자성이 있지만 어느 정도는 공통점이 있어요.

과거에 성공했던 프로젝트나 실패한 프로젝트를 조사하여 조정한 결과, 이런 활동을 하면 프로젝트를 성공시킬 확률이 오르겠구나 하는 경험칙을 정리하는 것이

'프로젝트 매니지먼트 지식체계' 라는 거예요.

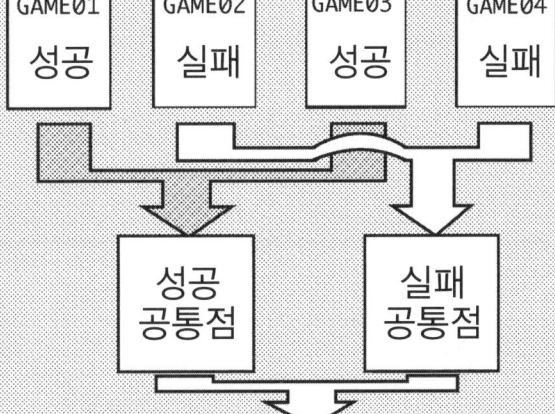

성공률이 오르는 경험칙

기업

각종 단체

프로젝트 매니지먼트 지식체계는 세상에 여러 가지가 있어요.

작성

작성

어느 기업이 독자적으로 이제까지의 경험 등을 토대로 작성하고 있는 경우도 있고

프로젝트에 대해서 연구하고 있는 학자나 프로젝트에 관련 있는 사람들이 모여 검토하고 조정하는 경우도 있어요.

그럼 저는 어떤 프로젝트 매니지먼트 지식체계를 배우면 됩니까?

프로젝트의 정의를 생각한 프로젝트 매니지먼트 협회가 작성한 「PMBOK(Project Management Body Of Knowledge)」로 합시다!

사실상 이게 프로젝트 매니지먼트 지식체계의 기초이니까!

PMBOK…말입니까?

PMBOK
프로젝트 매니지먼트 표준

❖ 1-3 프로젝트의 목적과 성공기준

게임회의는 엄청 독하게 평가하는 사이트 아니에요!? 90점 이상인 게임은 한 해에 몇 개 안 되는 걸로···

그래도 평가를 높게 받은 게임은 반드시 업계에서도 주목받아 게임 어워드에 입상한 작품이 대부분이에요.

기준이 높다고 생각할지도 모르지만 무리는 아니에요.

혹시 겁나나요?

···

아니요··· 의욕이 불타요.

❖ 1-4 프로젝트 매니저의 역할

❖ 1-5 스테이크홀더란?

커뮤니케이션의 대상은 프로젝트 팀 멤버를 포함한 '스테이크홀더' 전체이므로 여러 사람들과 이해관계를 가질 필요가 있어요.

스테이크홀더가 뭡니까?

아직 설명 안 했었나요? 스테이크홀더란 프로젝트에 직접 관련되어 있는 사람이나

프로젝트를 실시하는 것으로 무언가의 영향을 받는 사람을 뜻해요.

무언가의 영향을 받는 사람이라는 게 무슨 말이에요?

게임 유저나 판매점 사람, 잡지 등의 미디어 사람들도 스테이크홀더라고 할 수 있어요.

저는 사운드 담당인
이재성입니다.
잘 부탁드려요!
편하신 대로 부르세요.

그래픽을
담당하고 있는
박정아입니다.

업계에 관한
일이라든지 회사에
관한 일이라든지 모르는
게 있으면 언제든지
저한테 물어보세요.

프로그래밍을 담당하고 있는
김나영입니다.
잘 부탁드립니다.

텍스트를
담당하고 있는
시나리오 작가인
박민호입니다.

저는 인카운터의
직원이 아니라
프리랜서이지만

이 기획에 참가하게
되었습니다.

폴로 업

프로젝트의 특징

최근 「해외에서 기차 건설 프로젝트를 수주」, 「댐 건설 프로젝트가 중지」, 「재해 부흥 프로젝트 시작」 등 『프로젝트』라는 단어를 텔레비전이나 신문, 인터넷에서 자주 볼 수 있습니다.

실제로 「신상품 개발 프로젝트」라든지 「업무 개선 프로젝트」 등의 프로젝트가 사내에서 이루어지고 있는 회사도 많습니다. 또, 학생이라면 「축제 프로젝트」의 멤버였다든지, 「아이돌 발굴 프로젝트」에 친구가 응모하는 등 프로젝트라는 단어를 들은 적이나 프로젝트에 관련되었던 사람들도 많을 것입니다.

이같이 일상생활에서도 자주 접하는 프로젝트라는 단어, 도대체 프로젝트란 무엇일까요? 직장이나 일상생활에서의 활동(이하 「업무」라고 함)과 무엇이 다를까요?

프로젝트 매니지먼트 단체인 PMI는 프로젝트를 아래와 같이 정의하고 있습니다.

> 독자적인 상품, 서비스, 소산물을 창조하기 위해 실시되는 유기적인 업무

여기에서 중요한 것은 프로젝트가 이제까지와 차이가 있는지의 여부를 의미하는 '독자성'과 프로젝트의 시작과 끝에 명확한 기일이 있는지의 여부를 의미하는 '유기성'입니다.

즉, 프로젝트는 '독자성'과 '유기성'이라는 특징을 가진 업무를 가리킵니다.

이 두 가지의 특징으로 업무를 분류하면 표 1-1과 같습니다.

◆ 표 1-1 업무 분류

		독자성	
		있음	없음
유기성	있음	프로젝트 (예) • 빌딩 건설 • 신기능 휴대전화 개발 • 올림픽 개최 • 학교 축제 • 워크숍, 동아리 합숙 • 결혼식, 미팅	계절업무 등 (예) • 정월 떡 생산 • 축제 때 노점 판매 • 연말 대청소
	없음	발명 등 • 전구 발명 • 다이너마이트 발명 (예)	정상업무 (예) • 공장에서의 자동차 생산 • 편의점에서 계산 • 매일 청소

독자성: 지금까지의 일 등과 차이가 있는지의 여부

유기성: 명확한 시작과 끝이 있는지의 여부

정상업무의 예 **자동차 생산**

정상업무인 자동차 조립 생산은 균일한 품질의 자동차를 생산하기 위해서 설계대로, 제조된 부품을 정해진 공구나 작업순서에 따라 각 작업자가 조립하는 업무를 합니다. 자동차마다 작업내용이나 작업순서를 바꾸거나 하는 일은 보통 없습니다.

프로젝트의 예 ① **빌딩 건설**

건설회사는 빌딩을 세우려고 하는 오너의 의뢰에 따라 어느 기한 내(유기성)에 빌딩을 건설합니다. 과거에 비슷한 빌딩을 건설했을지도 모릅니다만 건설할 장소는 다르고, 일하는 사람이나 건설시기, 오너의 바람도 완전히 같지는 않습니다(독자성). 의뢰한 빌딩마다 조건이나 바람 등을 고려하여 건설해야 합니다.

프로젝트의 예 ② **축제**

학교 축제는 실시기간이 정해져 있어(유기성), 시간에 맞게 준비해야 합니다. 기본적인 준비작업 순서는 같을 수도 있습니다만 실행위원 멤버나 문화제의 테마는 매년 다릅니다(독자성). 멤버는 테마나 내용에 맞게 축제 준비를 해야 합니다.

프로젝트의 예 ③ **워크숍 등**

회사가 주최하는 워크숍이나 망년회 등도 프로젝트라고 할 수 있습니다. 회사가 예산을 내어 개최하는 이상, 직원간의 교류촉진 등의 목적을 가지고 실시합니다. 워크숍을 가는 기한(유기성)까지 준비합니다. 준비작업의 순서는 같을 수도 있습니다만 여행 장소나 숙박시설, 각종 이벤트, 참가자는 매년 다릅니다(독자성).

프로젝트 매니지먼트 지식체계

독자적인 프로젝트를 성공시키기 위한 활동이 프로젝트 매니지먼트입니다. 프로젝트 매니지먼트에서는 작업순서나 스케줄, 예산, 작업 멤버 등 서로 관계된 많은 사항을 각종 지식이나 스킬을 이용하여 조정하고 관리합니다.

프로젝트 매니지먼트에는 많은 지식이나 스킬이 필요하기 때문에 프로젝트의 경험을 많이 쌓은 사람의 경험이나 감을 중시하고 있었습니다.

하지만 최근에는 여러 단체나 기업이 과거의 프로젝트를 조사하고 연구하여, 성공한 프로젝트나 실패한 프로젝트에는 어느 정도의 공통점이 있는 것을 발견했습니다.

이 같은 조사, 연구를 정리하여 체계화한 것이 『프로젝트 매니지먼트 지식체계』입니다.

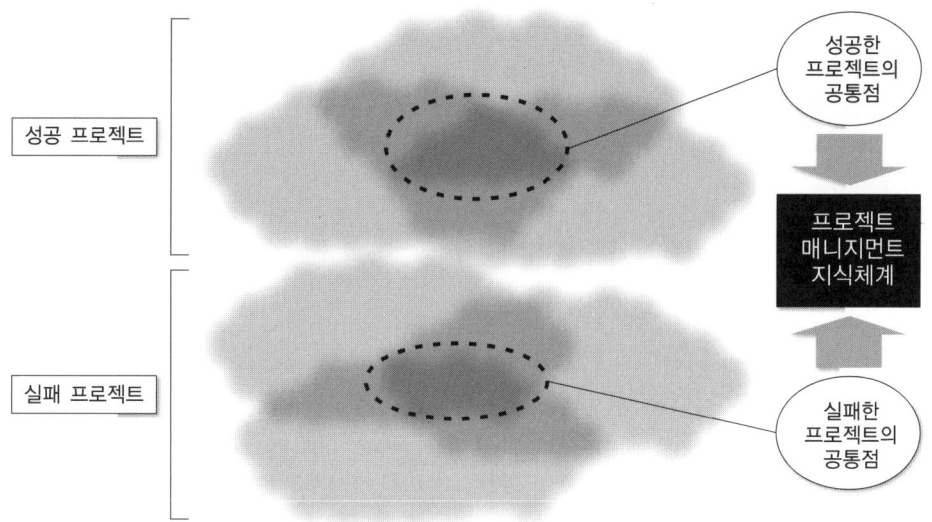

◆ 그림 1-1 프로젝트 매니지먼트 지식체계

세계에는 많은 프로젝트 매니지먼트 지식체계가 존재합니다. 일반에게 공개되어 있는 것도 있고, 기업에서 작성하여 기업 내에서만 이용되고 있는 프로젝트 매니지먼트 지식체계도 있습니다. 일반에게 공개되어 있는 프로젝트 매니지먼트 지식체계 중에서 가장 보급되어 있는 것이 본서에서도 소개하고 있는 미국의 PMI(Project Management Institute)가 체계화한 PMBOK(Project Management Body Of Knowledge)입니다.

그 밖에 공개되어 있는 것으로 일본 프로젝트 매니지먼트 협회인 P2M, 유럽에서 생겨난 ICB 등이 있습니다. 본서에서는 PMBOK를 이용하여 프로젝트 매니지먼트를 설명합니다.

그러면 프로젝트 매니지먼트 지식체계는 구체적으로 어떤 것이 기술되어 있을까요?

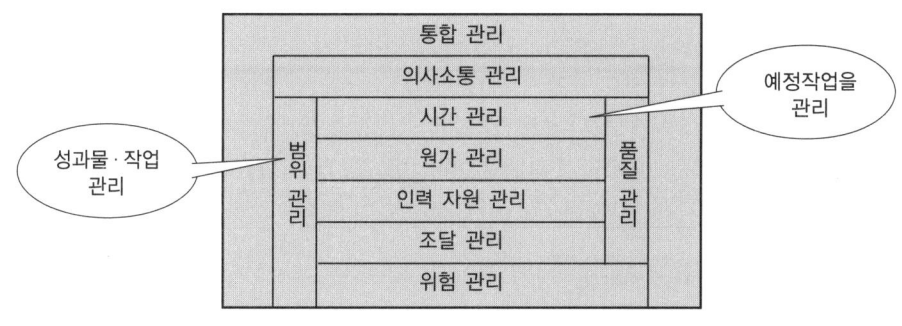

◆ 그림 1-2 PMBOK의 9가지 지식 영역

PMBOK에서는 그림 1-2와 같이 프로젝트 매니지먼트에 필요한 지식이 크게 9가지가 있다고 합니다.

예를 들면, 범위 관리(Scope Management)에는 프로젝트로 만들 성과물을 결정하거나 필요한 작업 선별, 진행방법이 기술되어 있습니다.

시간 관리(Time Management)에는 유기적인 프로젝트를 예정되어 있는 기간 내에 끝내기 위한 스케줄을 짜는 방법이나 관리방법이 기술되어 있습니다.

그러면 프로젝트 매니지먼트 지식체계에는 모든 프로젝트에 필요한 지식이 모두 포함되어 있는 것일까요? 프로젝트 매니지먼트 지식체계를 배우면 누구나 프로젝트 매니지먼트를 실천할 수 있고, 프로젝트를 성공으로 이끌 수 있을까요?

안타깝게도 프로젝트 매니지먼트 지식체계에 기술되어 있는 것은 대부분의 프로젝트에 이용할 수 있는 범용적인 것뿐입니다. 또, 모든 프로젝트가 성공한다고 보증하는 것은 아닙니다.

축제 프로젝트의 분위기를 띄우고, 성공하기 위한 사운드나 작업항목, 스케줄이 적혀있는 것이 아니라, 작업항목을 선별하는 방법이라든지 준비 스케줄을 짜는 방법이 적혀있는 것입니다. 또, 과거의 비슷한 프로젝트를 참고로 하여, 작업을 계획하거나 실시하는 것이 중요하다고도 적혀있습니다.

프로젝트에 독자성이라는 특징이 있는 이상, '이렇게만 하면 완벽해!' 라는 것은 없습니다. 하지만 프로젝트 매니지먼트 지식체계를 배우고, 과거의 같은 프로젝트의 구체적인 사례나 경험자의 지식 등을 이용함에 따라 프로젝트를 성공할 확률은 확실히 증가합니다.

목적이나 성공기준을 명확하게 한다

연초 또는 봄에 '취직이나 직장에 도움이 되기 위해 올해야말로 영어를 마스터 해야지!' 라고 결심하는 사람이 많지 않습니까?

한정된 1년이라는 기간(유기성) 안에, 타인이 아닌 자기(독자성)가 영어를 마스터하기 위한 활동은 하나의 프로젝트라고 할 수 있습니다.

그럼 상기와 같은 결심을 하여 '영어 마스터 프로젝트'를 진행한다면 1년 후에 영어를 마스터할 수 있을까요? 유감스럽게도 이대로 마스터 프로젝트를 개시한다면 기대만큼의 결과를 얻기는 힘듭니다. 그 이유는 프로젝트의 목적과 성공기준(=목표)이 명확하지 않기 때문입니다.

정의에도 나와 있듯이 프로젝트는 어떤 목적을 실현하기 위해 실시됩니다. 영어를 마스터한다고 하더라도 사람에 따라 의도하고 있는 것(=목적)과 달성하고 싶은 레벨(=성공기준)은 다릅니다. 목적이나 성공기준이 다르면 필요로 하는 활동도 다르기 때문에 프로젝트의 목적이나 성공기준을 명확하게 하는 것은 매우 중요합니다.

◆ 표 1-2 프로젝트의 목적 예(영어 마스터 프로젝트)

프로젝트의 목적	목적 ①	목적 ②	목적 ③
프로젝트의 목적	취직이나 승진, 승격의 기준을 만족시키는 것	좋아하는 미국 드라마를 우리말로 녹음하거나 자막 없이 즐기는 것	직장에서도 응용할 수 있는 것
성공기준(목표)	■영어 검정 ○급 ■TOEIC ○○○점	■대화를 듣고 표현이나 속어를 이해할 수 있다	■해외출장에서 자사제품을 영어로 설명할 수 있다 ■영어로 전화에 대응할 수 있다
해야 할 활동	●독해력 강화 ●듣기 강화 ●영문법 이해 ●단어, 숙어 암기	●듣기력 강화 ●드라마의 시대배경 등의 이해 ●속어 이해	●비즈니스에서 사용하는 표현 학습 ●전화로 대응에 이용하는 표현 학습
공부방법	시험대비문제집을 이용한 공부	미국드라마를 TV로 반복해서 본다	영어 회화학원에 다닌다

프로젝트 매니저의 역할과 필요한 능력

프로젝트 매니지먼트를 실천하여, 프로젝트를 성공으로 이끄는 것이 프로젝트 매니저의 역할입니다. 프로젝트 매니저는 과거의 경험이나 프로젝트 매니지먼트 지식체계를 이용하여 프로젝트에서 해야 할 작업내용, 작업 스케줄, 예산, 필요한 인원을 계획하고 관리하는 것입니다.

예를 들면, 빌딩 건설 프로젝트에서의 크레인 조작이나 용접, 배관공사는 프로젝트 매니저의 일이 아니라 작업원의 일입니다. 프로젝트 매니저는 작업원이 안전하고 효율적으로 작업할 수 있도록 작업 순서를 생각하고, 그 계획에 따라 작업원에게 작업 지시를 내립니다.

프로젝트에는 독자성이 있기 때문에 계획대로 작업이 진행되지 않는 경우가 있습니다. 빌딩 건설 프로젝트의 경우, 예정대로 자재가 도착하지 않는다든지 기후 등으로 작업을 진행할 수 없는 등, 프로젝트에서는 예기치 못한 사태가 발생합니다. 거기에서 계획대로 작업이 진행되고 있는지 적당히 확인하고 필요에 맞게 작업순서를 변경하거나 계획을 재검토하는 것이 프로젝트 매니저가 해야 할 일입니다.

프로젝트 매니저로서의 역할을 담당하는데 가장 필요한 능력이 커뮤니케이션 능력입니다. 프로젝트를 성공시키는 데는 프로젝트에 관계된 사람들과 커뮤니케이션을 취하고, 프로젝트의 목적이나 성공기준(목표)을 공유할 필요가 있습니다.

또, 계획대로 작업을 하기 위한 지시나 작업 상황을 확인하는 데도 커뮤니케이션은 중요합니다.

프로젝트 매니저에는 커뮤니케이션 능력이 필요하다고 하면 '나는 사람들 앞에서 말을 잘 못하니까 프로젝트 매니저가 될 자격이 없어!'라고 생각하는 사람이 있습니다. 하지만 이 세상에서 활약하고 있는 프로젝트 매니저 중에서는 조용하고 사람들 앞에서 말하는 것이 서툰 사람은 적지 않습니다.

반대로 사람들 앞에서 말하는 것이 특기라고 해서 우수한 프로젝트 매니저가 되는 건 아닙니다. 프로젝트 매니저에게 요구되는 커뮤니케이션 능력이란 재미있는 이야기를 하는 것이나 유창하게 말하는 것이 아니기 때문입니다.

중요한 것은 상대방의 말을 듣고, 상대방의 생각을 정확히 받아들이고, 이해하는 것입니다. 또, 자신의 생각을 상대방이 쉽게 받아들일 수 있도록 전달하고 이해하게 만드는 것(=전달)입니다.

또, 커뮤니케이션 능력은 학습에 따라 숙지해야할 기술입니다. 지금은 서툴다고 생각하고 있는 사람이라도, 적절한 학습을 계속함에 따라 확실하게 기술이 향상될 수 있습니다.

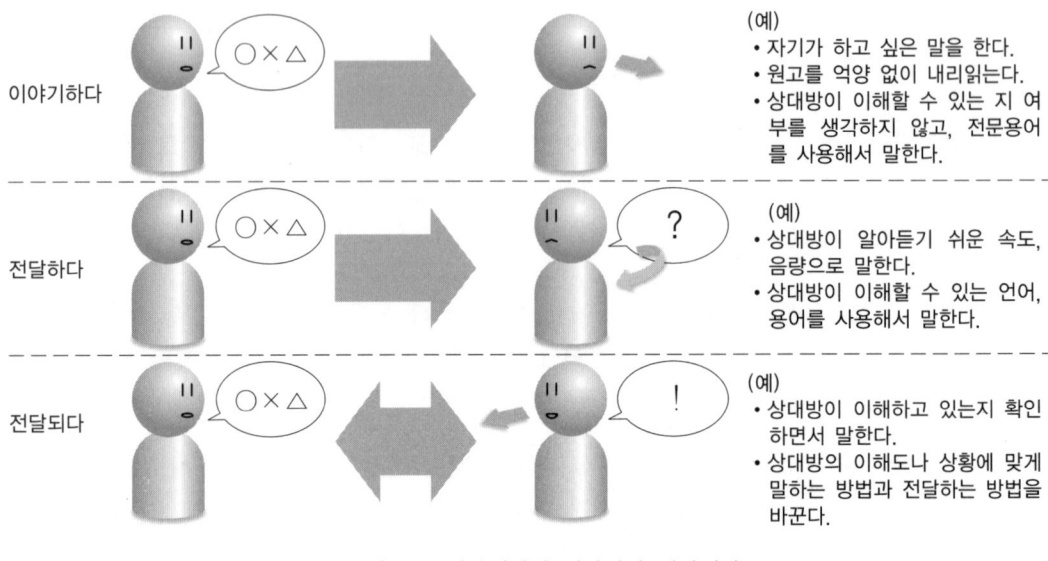

◆ 그림 1-3 이야기하다·전달하다·전달되다

우선은 커뮤니케이션이 매우 중요하다는 것을 가슴에 새겨, 상대방이 무엇을 전하려고 하는지, 또 어떻게 전달하면 상대방에게 잘 전달되는지 생각해봅시다.

스테이크홀더의 역할 분류

대부분 프로젝트는 복수의 멤버가 역할을 분담하여 프로젝트 작업을 합니다. 작은 프로젝트에서는 작업을 하는 사람은 수 명~수 십 명일지도 모릅니다만 국가 레벨의 프로젝트에서는 수 만~수십 만 명이 되는 경우도 있습니다.

또, 프로젝트의 작업은 하지 않더라도 프로젝트에 여러 영향을 미치는 사람이나 영향을 받는 사람이 있습니다. 이들 프로젝트의 관련된 사람들 모두를 포함하여 '스테이크홀더'라고 합니다.

스테이크홀더는 프로젝트에서 맡는 역할에 따라 다음과 같이 분류할 수 있습니다.

- 프로젝트 오너

독자적인 성과를 얻기 위해 프로젝트를 시작하여 필요한 자금 등을 제공하는 사람이나 조직입니다. '스폰서'라고도 합니다.

- 프로젝트 매니저

프로젝트 매니지먼트를 책임지는 사람입니다.

- 프로젝트 매니지먼트 팀

프로젝트 매니지먼트를 담당하는 사람들입니다. 프로젝트 매니저를 지원하는 사람들이나 프로젝트 팀 멤버 중에서 리더의 역할을 담당하는 사람들, 그리고 프로젝트 매니저로 구성됩니다.

- 프로젝트 팀 멤버

프로젝트 매니저의 지시에 따라 프로젝트의 목표(성공 기준)를 달성하기 위해 각종 작업을 하는 사람입니다.

- 프로젝트 팀

프로젝트 매니지먼트나 작업에 직접적으로 관여하는 사람들입니다. 프로젝트 오너, 프로젝트 매니저, 프로젝트 팀 멤버로 구성됩니다.

- 그 밖에 스테이크홀더

프로젝트의 성과를 이용하는 사람들, 프로젝트 실시를 직접적으로 지원하는 사람들, 프로젝트 실시로 인해 어떤 영향을 받는 사람들입니다.

예를 들면 직원이 100명 있는 회사가 전 직원이 참가하는 워크숍을 기획하고, 그 준비작업과 각종 지시, 조정, 여행 후 뒤처리까지 하는 '워크숍 프로젝트'인 경우, 스테이크홀더는 그림 1-4와 같습니다.

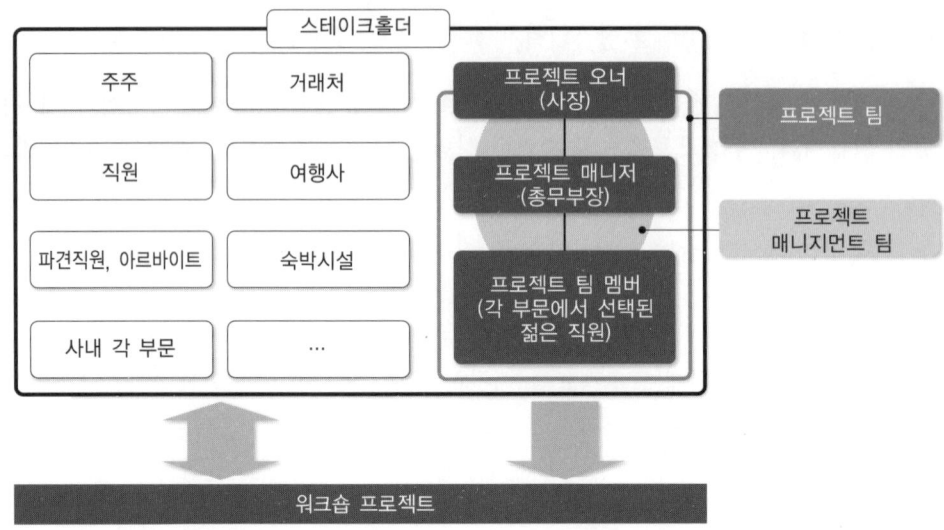

◆ 그림 1-4 스테이크홀더 개념도

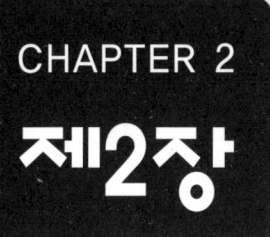

CHAPTER 2
제2장

프로젝트를 기획한다

2-1 프로젝트 계획
2-2 요구사항 수집, 정리
2-3 작업 선별

■ 폴로 업
  • 프로젝트 계획서
  • 요구사항
  • 범위와 WBS

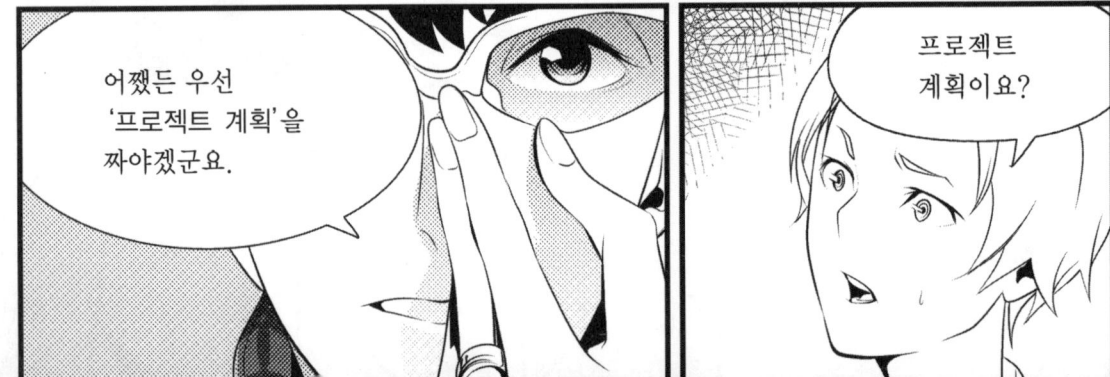

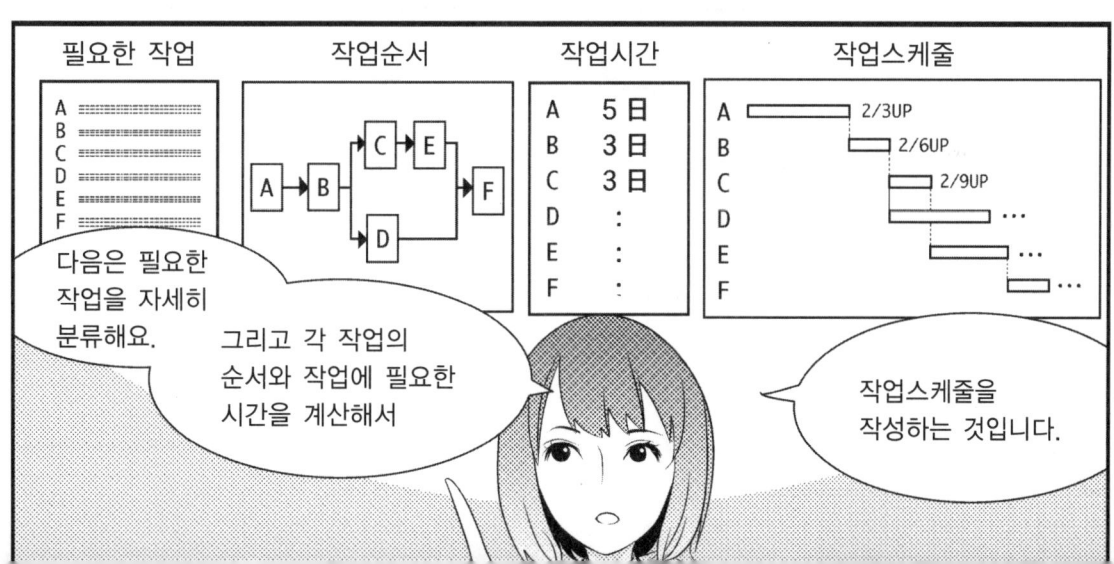

프로젝트 목표

① 범위 정의
목표 실현에 필요한
성과물 등의 명확화

② WBS 작성
성과물 등의 상세화

③ 액티비티 정의
성과물 작성에 필요한
작업 등의 명확화

④ 액티비티 순서 설정
성과물 작성
작업순서의 명확화

⑤ 필요한 자원과 기간 추정
각 작업을 실시하는데 필요한
자원과 기간 추정

⑥ 스케줄 작성
목표를 실현하기까지의
작업 스케줄 작성

⑦ 비용 계산
목표를 실현하는데 필요한
비용을 산출

⑧ 그 밖의 계획 책정
조달, 품질, 위험,
체제 등을 검토

프로젝트 계획서

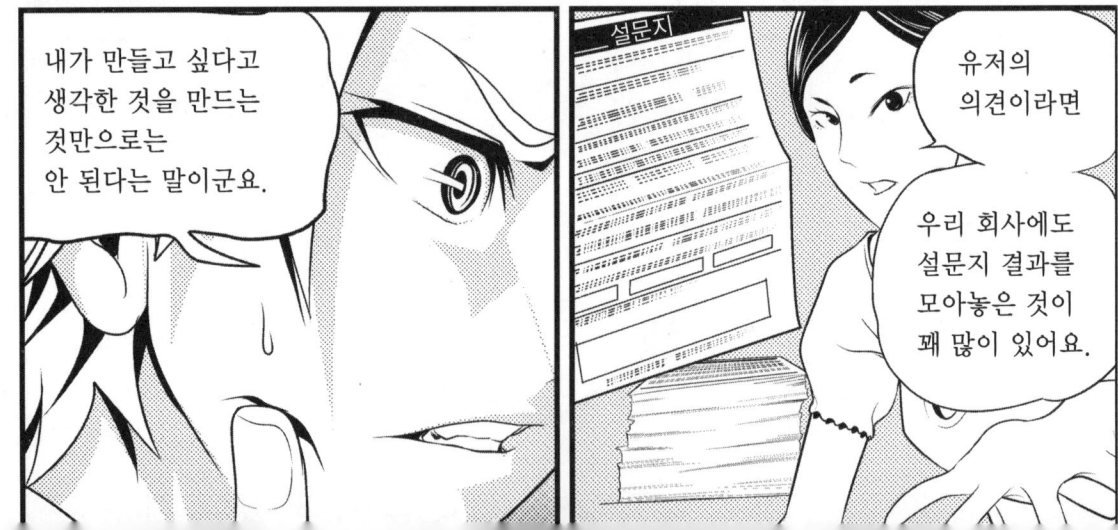

❖ 2-2 요구사항 수집, 정리

제2장…프로젝트를 기획한다

다시 요구사항을 정리해보면…

【요구사항】

· 원점으로 돌아간 세계관 설정

· 방에만 있지 않는다 = 밖에서도 친구와 함께 할 수 있는 게임

· 가게로 더욱 고객을 끌 수 있는 구조로 만들기

이런 건 그저 만드는 쪽에서 생각은 하더라도 저렇게 만들기는 좀처럼 쉽지가 않지요.

그런데 이 요구를 만족시킬 수 있는 아이디어의 힌트도 얻었나요?

네! 세계관은 판타지 풍으로 새로 만들고…

GPS 기능과 연동하여 전국의 가게 등에 설치되어 있는 JP 스테이션에

"보물상자"같은 역할을 하는 한정 아이템을 보내는 건 어떤가요?

❖ 2-3 작업 선별

제로 프로젝트 프로젝트 범위 기술서

■ **범위 내의 성과물/작업과 인수 기준**
1. 유저 등의 요구사항 조사 결과
2. 게임소프트(시험판)…제품가부판단을 할 수 있는 내용일 것.
3. 계획서…소프트 작성에 필요한 최저한의 사항이 기술되어 있을 것.
4. 게임소프트(제품판)…사내 소정의 테스트를 모두 종료할 것
5. 취급설명서, 패키지 원고…제조부문에 제본 이래 등 할 수 있는 내용, 품질일 것
6. 광고 등 마케팅 계획서…본 프로젝트 목적 실현에 공헌할 구체적인 내용일 것

■ **범위 외 사항**
- 게임소프트의 가격 결정…사장이 별도로 검토·결정
- 영업·마케팅의 기획, 추진…프로젝트로서는 이들 활동의 지원만 실시
- 제품 제조·유통…다른 부문이 담당하고, 프로젝트에서는 음반 제작까지 담당

■ **제약조건**
- 프로젝트를 시작하고 2년 이내에 프로젝트 목표를 달성할 것
- 규정 예산 내에서 작업을 끝낼 것
- 게임은 JP(Joy Portable)의 GPS 기능을 이용할 것

■ **전제조건**
- 게임의 가동 환경은 ○○사제의 JP(Joy Portable)의 △△모델 이후로 GPS 기능이 있고, 내장 메모리는 □□ 이상

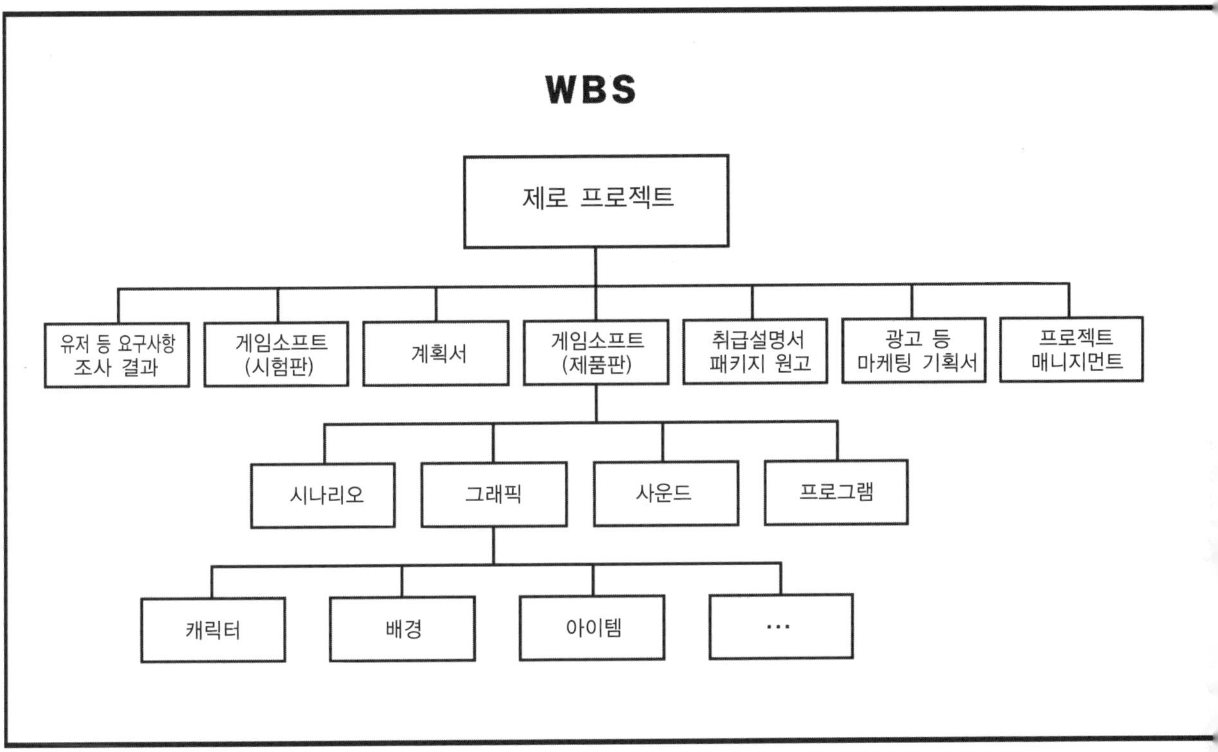

WBS

```
                    제로 프로젝트
    ┌──────┬──────┬──────┬──────┬──────┬──────┐
  유저 등  게임소프트  계획서  게임소프트  취급설명서  광고 등   프로젝트
  요구사항  (시험판)        (제품판)   패키지 원고  마케팅 기획서  매니지먼트
  조사 결과
                          ┌──────┬──────┬──────┐
                        시나리오  그래픽   사운드   프로그램
                                ┌──────┬──────┬──────┐
                              캐릭터   배경    아이템   …
```

제2장···프로젝트를 기획한다

폴로 업

프로젝트 계획서

프로젝트 계획서를 작성하는 건 프로젝트를 성공시키기 위한 첫걸음입니다.

프로젝트의 목적이나 목표(성공기준), 프로젝트를 성공시키기 위해 필요한 작업이나 순서, 비용, 인재를 명확하게 합니다. 또, 품질 확보나 스테이크홀더와의 커뮤니케이션, 리스크에 대한 대처, 조달방법에 대해서도 계획하고, 그것들을 정리하여 프로젝트 계획서에 기술합니다.

프로젝트 계획을 생각만 하고 프로젝트 계획서를 만들지 않은 프로젝트는 많습니다. 하지만 프로젝트를 성공으로 이끌기 위해서는 계획을 생각할 뿐만 아니라 꼼꼼하게 프로젝트 계획서를 작성하는 것이 중요합니다.

프로젝트 계획서를 작성하는 목적은 크게 3가지가 있습니다.

1. 실행 가능한 계획을 작성한다.
2. 스테이크 홀더와 공유한다.
3. 프로젝트를 진행할 때 이용한다.

1. 실행 가능한 계획을 작성한다.

머릿속으로 생각하는 것뿐이라면 어떤 프로젝트든지 실현할 수 있을 것 같은 계획을 세울 수 있습니다. 하지만 프로젝트 작업이 실행 가능한지 아닌지 총합적으로 생각하지 않으면 프로젝트는 계획대로 진행할 수 없게 됩니다.

예를 들면, 1년 동안 영어를 마스터한다는 「영어 마스터 프로젝트」를 기획했다고 칩시다. 목표를 달성하기 위해 매일 영단어를 20개, 숙어 10개, 듣기를 2시간, 영문법을 1시간 공부할 것이라 생각했습니다. 다음으로는 열심히 하기만 하면 된다고 생각하여, 바로 오늘부터 공부했습니다.

그럼 이 계획대로 공부한다고 해서 1년 후에 목표를 달성할 수 있는 사람은 어느 정도 될까요? 상당히 의지가 강하고, 시간에 여유가 있는 사람이 아니면 목표를 달성하기는 어렵습니다(필자의 경험상).

영단어를 20개 외우거나 영문법을 1시간 공부하는 등의 각각의 작업은 할 수 있을 것 같지만 매일 그 작업을 할 수 있을지 라는 점에 의문이 생기기 때문입니다.

모든 작업이 실행 가능할 지 판단하는 데는 하루 몇 시간 영어를 공부하면 좋을 지 계산하여, 자신이 하루에 얼마큼 공부할 수 있는지 시간을 써넣어야 합니다. 평일에는 수면시간이 거의 없어진다든지 주말에 예정이 있는 날은 공부를 할 수 없는 일 등, 계획하고, 구체적으로 생각함에 따라 분명해집니다. 계획상 문제가 분명히 드러나면 '듣기는 통근·통학시간에 하자.'라든지 '주말에는 그 주에 못했던 부분을 공부하자.'는 등의 대책을 생각할 수 있고, 보다 현실적이고 실행가능한 계획을 만들 수 있습니다.

머릿속에서는 애매한 것도, 계획을 작성함에 따라 실행할 수 있는지, 생각이 부족한 부분이 없는지, 계획 전체의 모순이 없는지 등을 확인할 수 있습니다.

2. 스테이크홀더와 공유한다.

아무리 실행가능한 계획을 세우더라도 프로젝트 작업을 하는 프로젝트 팀 멤버가 작업내용이나 스케줄을 이해하고 있지 않으면 예정대로 작업을 진행할 수 없습니다.

프로젝트 계획을 한 번 들었을 때는 이해하고 납득했다 하더라도 시간이 지나면 잊든지 불분명해지는 경우는 자주 있습니다.

이를 방지하기 위해서는 몇 번이고 다시 읽어 보고 이해할 수 있도록 프로젝트 계획서를 작성하고, 공유합니다.

또, 프로젝트의 목적이나 성공기준이 프로젝트 오너의 의지와 맞지 않으면, 설령 작업을 계획대로 진행하여 성과를 얻더라도 프로젝트 오너는 만족하지 않을 것입니다.

말로만 한다면 이야기의 흐름이나 설명방법, 상대방과의 관계 등에 따라 의지가 맞지 않더라도 서로 자신에게 편하게 이해하는 경우가 많이 있습니다.

그 애매모호함을 줄이고, 프로젝트의 목적이나 성공기준을 공통인식하기 위해서는 문서로 작성하는 것이 유효한 수단이 됩니다.

「영어 마스터 프로젝트」와 같이 자신이 프로젝트의 프로젝트 오너이고, 프로젝트 매니저, 또 프로젝트 팀 멤버인 경우에는 프로젝트 계획서를 공유해야 할 스테이크 홀더는 없다고 생각할지도 모르지만 그렇지는 않습니다.

처음에는 영어를 마스터하고 싶다고 생각하더라도 놀고 싶은 날도 있고, 공부가 하기 싫어져 '영어를 마스터하지 않아도 한국에서 살 수 있어!'라고까지 생각할 수도 있습니다. 그 같은 때에는 초심이 적혀 있는 프로젝트 계획서의 목적이나 목표를 다시 읽고, '꼭 해야지!'라고 기분을 북돋을 수 있습니다. 이 때문에라도 프로젝트 계획은 생각하는 것뿐만 아니라 써두는 것도 중요합니다.

3. 프로젝트를 진행할 때 이용한다.

프로젝트 계획서는 한번 작성하면 끝나는 것이 아닙니다. 여러 이유에서 계획대로 작업이 진행되지 않는 경우도 있고, 해야 할 작업이 늘어나는 경우도 있습니다.

그래서 정기적으로 작업이 진행되는 상황을 계획서와 대조하여, 차이가 나는지 확인해야 합니다. 그리고 차이를 감소시키긴 위한 대책이나 계획을 재검토합니다.

프로젝트 계획과의 차이를 정기적으로 파악하고 있지 않으면 나중에 깨달았을 때에는 돌이킬 수 없을 정도로 지연되어, 프로젝트를 처음부터 재검토해야 되는 경우가 있습니다.

'영어 마스터 프로젝트'의 경우, 주말이나 월말에 공부가 진행되는 상황을 확인하고, 지연된 경우에는 어디에서 만회할 지를 생각합니다. 일시적으로 바빠서 공부가 계획대로 되지 않았을 때에는 그 시기의 공부량을 줄이고, 주말이나 시간이 나는 시기에 공부량을 늘리도록 계획을 다시 짭니다.

프로젝트 계획서 작성의 목적

1. 실행 가능한 계획을 작성한다.
2. 스테이크홀더와 공유한다.
3. 프로젝트를 진행할 때 이용한다.

프로젝트 계획을 세운다고 해도 비슷한 프로젝트를 해본 적이 없으면 어떤 작업을 하면 좋을지조차 모를 수 있습니다. 또, 해야 할 작업을 알아도 어느 정도의 시간이 걸릴지 상상조차 못하는 경우도 있습니다.

그 같은 경우에는 비슷한 프로젝트를 한 적이 있는 사람 등에게 이야기를 듣고, 프로젝트 매니지먼트 팀 모두가 함께 생각하면 됩니다. 프로젝트 계획은 프로젝트 매니저만이 혼자서 작성하는 것은 아닙니다. 프로젝트 매니지먼트 팀의 멤버와 협력하면서 완성하는 것입니다.

또, 프로젝트 개시 당초에는 아직 모르는 것이나 정해지지 않은 일도 많이 있습니다. '모르니까 기술하지 않는다'가 아닌 '아는 부분까지 기술한다'가 프로젝트 매니지먼트로서 올바른 행동입니다. 아직 계획할 수 없는 부분에 대해서는 과제나 리스크라고만 기술해 두고, 조금 더 구체적으로 계획할 수 있는 단계가 되면 다시 검토하면 됩니다.

이 같이 처음부터 모든 계획을 자세히 정하는 것이 아니라 단계적으로 상세화하는 방법을 '단계적 상세화'라고 합니다.

요구사항

요구사항은 프로젝트 오너뿐만 아니라 여러 스테이크홀더에게도 확인해야 합니다.

p.38에서 설명한 「워크숍 프로젝트」(직원이 100명 정도인 회사가 모든 직원이 참가하는 워크숍을 기획하고, 그 준비작업과 여행 중의 각종 지시·조정, 뒤처리까지를 하는 프로젝트)는 프로젝트 오너(스폰서)인 사장이 이하의 목적, 성공기준을 제시했다고 칩시다.

> 프로젝트의 목적 : 가능한 한 많은 직원이 여행에 참가하여 연령, 지위를 불문하고 교류하면서 서로를 알게 될 기회를 만들 것
> 프로젝트의 성공기준 : 참가자 전원이 세대가 다른 사람들의 이름과 얼굴을 외울 것

상기의 목적에 따라 성공기준을 만족시키는 것이 프로젝트 오너인 사장의 가장 중요한 요구입니다만 그 밖에도 예산은 한 명당 30만 원 이하라든지 일정은 1박 2일 등의 제약조건이 요구사항으로서 제시할지도 모릅니다.

스테이크홀더의 한 사람인 임원에게 요구사항을 물으면 '직원 간 깊이 교류하는 데는 골프가 가장 좋으니 다 같이 골프를 치러 가자'고 할지도 모릅니다. 부장님께 물으면 '온천에 가서 모임을 하면 사이가 좋아질지도 몰라'라고 지론을 전개할 지도 모릅니다.

또, 여성 직원에게 요구사항을 물으면 '방은 혼자 사용하는 게 좋아요. 프라이버시가 보장되니까요.'라는 요구사항을 말할 지도 모릅니다.

스테이크홀더의 요구사항은 제각각이기 때문에 모든 요구사항을 만족시키는 방법은 없을지도 모릅니다. 하지만 요구사항을 많이 수집하여 정리하는 일은 중요합니다.

요구사항을 정리할 때는 스테이크홀더가 한 말을 그대로 요구사항이라고 생각하지 말고, 정말로 요구하고 있는 사항을 끝까지 밝혀내는 게 중요합니다. 앞서 여성 직원의 요구사항에 대해서는 '1인실'이 반드시 필요하다고 주장하고 있는 것이 아니라 선배 등에게 신경을 써야 되므로, 자는 방은 '어느 정도 프라이버시를 보장할 수 있는 방'이면 좋다고 주장하고 있는 것뿐일지도 모릅니다.

어떤 스테이크홀더의 요구사항을 중시해야할지는 프로젝트 매니지먼트 팀으로 생각한 뒤, 상황에 따라 프로젝트 오너 등에게 상담하면 됩니다. 대부분의 사람들이 요구하는 사항을 우선시하면 되는 경우도 있습니다만 특정 스테이크홀더의 요구사항을 중시해야 하는 경우도 있기 때문입니다.

대부분의 경우, 스테이크홀더의 요구사항을 전부 실현할 수는 없습니다. 자신이 요구한 것이 실현되지 않았다는 걸 알게 된 스테이크홀더 중에는 불만을 토로하는 사람도 있을지도 모릅니다만 프로젝트 매니지먼트 팀은 그것을 신경 쓰지 않아도 됩니다.

하지만 누군가 어떤 요구사항을 제시하고, 프로젝트로서 그 요구사항을 어떻게 취급했는지 정리해두는 일은 매우 중요합니다.

자신이 요구한 사항이 프로젝트 내에서 충분히 검토한 뒤에 그 결과로 채용되지 않았다면 어쩔 수 없다고 생각하는 사람은 많을 것입니다. 하지만 요구사항을 묻기만 하고, 검토도 하지 않고 채용하지 않는다면 누구든지 기분이 좋지 않을 것입니다.

범위와 WBS

프로젝트의 목적, 목표(성공기준), 요구사항이 정리되면 그걸 만족시키기 위해 필요한 성과물이나 작업을 정의합니다. 이 성과물이나 작업을 프로젝트의 '범위'라고 합니다.

「워크숍 프로젝트」의 경우, 기획부터 준비, 분담, 워크숍 중의 지시, 워크숍 종료 후의 뒤풀이를 하거나 마무리하는 것까지가 범위가 됩니다. 회사나 프로젝트에 따라서는 돈 정산은 다른 곳에서 하기 때문에 프로젝트가 하지 않아도 된다든지 워크숍이 끝난 후에 설문조사를 하여, 그 결과를 프로젝트 오너인 사장에게 보고하는 것까지 프로젝트의 범위라고 생각할 지도 모릅니다.

범위를 정의하여 쉽게 관리할 수 있도록 분해합니다. 이 프로젝트에서 작성한 성과물이나 실시할 작업을 분해한 것을 WBS(Work Breakdown Structure)라고 합니다.

「워크숍 프로젝트」의 경우, 그림 2-1과 같이 됩니다(일부만 기재).

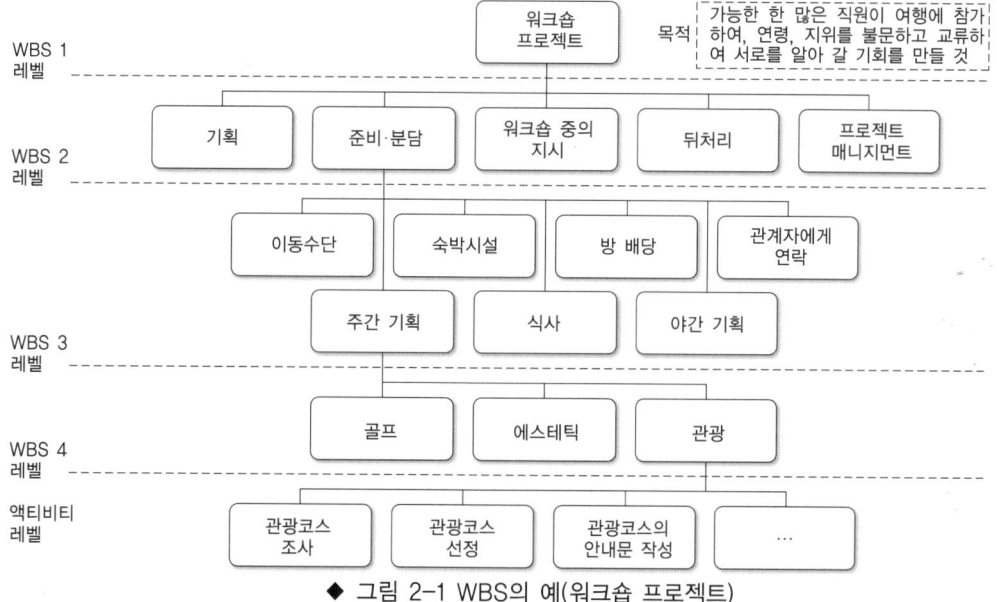

◆ 그림 2-1 WBS의 예(워크숍 프로젝트)

WBS를 작성할 때는 꼭 지켜야 할 3가지 규칙이 있습니다.

1. 100% 규칙
2. WBS 1 레벨은 프로젝트 전체로 한다.
3. WBS 2 레벨에는 프로젝트의 범위와 프로젝트 매니지먼트 요소를 기술한다.

1. 100% 규칙

WBS의 다음의 분해 레벨은 중요 요소를 포함한 모든 작업을 나타냅니다. 이것은 WBS의 모든 레벨에 있어서 꼭 지켜야 할 규칙입니다.

이 규칙을 지키지 않으면 프로젝트에서 해야 할 작업이 빠지거나 중복되어, '계획에 없었던 ○○작업도 해야 돼.'라든지 '어라? 그 작업은 다른 사람이 하고 있어요!'라는 일이 나중에 발생합니다.

2. WBS 1 레벨은 프로젝트 전체로 한다.

이것은 간단한 일입니다. WBS 1의 레벨에는 프로젝트 이름을 적어두면 좋습니다.

3. WBS 2 레벨에는 프로젝트의 범위와 프로젝트 매니지먼트 요소를 기술한다.

앞에 정의한 범위를 WBS 2의 레벨로 기술합니다. 또, WBS 2 레벨의 끝에 프로젝트 매니지먼트라고 적습니다.

WBS 3 레벨 이후는 「1. 100% 규칙」에 따라 성과물이나 작업을 상세하게 나눕니다.

마지막으로는 프로젝트에서 하는 작업의 관리단위인 액티비티까지 분해합니다.

프로젝트의 종류에 따라 WBS를 능숙하게 작성할 테크닉이 있기 때문에 자세한 것은 참고자료를 확인해주십시오.

이 WBS 작성은 프로젝트 매니지먼트에 있어서 매우 중요한 작업이 됩니다만 적응되어 있지 않으면 작성할 때 당황할지도 모릅니다. 하지만 WBS 작성은 몇 번하면 적응되기 때문에 일단 해보는 것이 중요합니다.

또, WBS는 비슷한 프로젝트라면 비슷해집니다. 과거에 워크숍 프로젝트가 있었던 경우에는 그 때 작성한 WBS를 토대로 가필, 수정하면 간단하게 WBS를 작성할 수 있습니다.

WBS의 사례는 회사나 조직이 가지고 있는 것도 있습니다만 일부 서적이나 인터넷 등에 공개되어 있는 것도 있으므로 그것을 참고로 하면 힘들이지 않고도 작성할 수 있습니다.

CHAPTER 3
제3장

프로젝트를 계획한다

3-1 작업순서와 산정
3-2 스케줄 작성
3-3 비용 산정과 예산 작성
3-4 프로젝트 계획서 작성

■ 폴로 업
- 액티비티
- 스케줄을 작성할 때 주의해야 할 점
- 비용을 산정하는 방법
- 프로젝트 계획서를 작성할 때 주의해야 할 점

과거 작품의 자료를 확인한 뒤에 멤버의 의견도 물어보겠습니다.

실제로 각 작업의 담당자가 그 작업에 얼마만큼의 시간을 할애할 지를 고려하면서 현실적인 소요기간을 산출합니다.

과거의 자료를 참고로 하여, 이번과 비슷한 액티비티의 실 소요기간을 참고하여 산정해 보세요.

작업항목×의 소요기간은
A프로젝트는 25일
B프로젝트는 18일
C프로젝트는 17일

이번 프로젝트는 20일로 산정

유사 추정

소요기간 = 작업량×생산성 / (총자원량×단위기간 당 작업시간)

모수 추정

최단 소요 기간 + 상정 소요 기간 + 최장 소요 기간 → 가중평균 → 3점 추정에 따른 소요기간

3점 추정

다른 소요기간을 추정하는데는 '모수 추정'이나 '3점 추정' 같은 것들도 있으니까 알아두세요.

이 방법을 '유사 추정'이라고 합니다.

알, 알겠습니다.

제3장···프로젝트를 계획한다   75

❖ 3-3 비용 산정과 예산 작성

79

프로젝트 작업을 개시하기 전 단계에서는 어림잡을 수 밖에 없는 비용도 있어요.

중요한 건 세 가지입니다.

1. 비용이 많이 드는 항목을 빠뜨리지 않을 것
2. 크게 변동할 만한 비용을 파악해둘 것
3. 그리고 예비비를 어느 정도 포함할 것

알겠습니다!

유사 프로젝트 A에서의 총 비용은 1000

이번 프로젝트는 A보다 작업이 30% 정도 많다

⇩

이번 프로젝트의 총 비용은 1300으로 계산한다

유사 추정

예
A사에서의 집의 건축비
= 600만원/평×건축면적

모수 추정

항목	인건비	자원비	간접비	합계
작업 A	1000	500	150	1650
작업 B	200	0	20	220
……	…	…	…	……
작업 Z	1500	300	180	1980
총계	25000	5000	3000	33000

상향식 산정

견적 내는 방법으로는 액티비티 기간 산정에서도 이야기한 「유사 추정」이나

과거의 데이터를 토대로 실비용과 그것에 영향을 미치는 변수와의 관계를 총계 처리하여 비용을 계산하는 「모수 추정」외에

상세한 액티비티의 비용을 계산하고, 그것을 집계하여 산출한 「상향식 산정」 등이 있습니다.

❖ 3-4 프로젝트 계획서 작성

『제로 프로젝트』 프로젝트 계획서

1) 배경
 당사(인카운터)는 이제까지 『팅클 팅커』 등의 게임을 만들어 내어, 업계 내에서도 높게보고 있다. 하지만 경쟁이 심한 이 업계 내에서 살아남기 위해서는 더욱 차별된 게임을 필요로 하고 있다.

2) 프로젝트의 목적
 JP의 GPS 기능을 이용한 게임을 제작하여, 업계의 주목을 받는다.

3) 프로젝트의 목표
 2년 이내에 「게임회의」에서 90점 이상 받을 것

4) 프로젝트의 요소성과물
 유저 등 요구사항 조사결과
 게임소프트(시험판)
 설계서
 게임소프트(제품판)
 취급설명서, 패키지 원고
 광고 등 마케팅 기획서

5) 주요 스테이크홀더
 프로젝트 오너 …… 김주현
 프로젝트 매니저 …… 나승기
 프로젝트 매니지먼트 팀 …… 박정아, 이재성, 김나영, 박민호
 프로젝트 팀 멤버 …… 인카운터의 직원, 협력회사요원
 그 밖의 스테이크홀더 …… 게임 유저가 될 수 있는 일반소비자, 「게임회의」, 판매점 사람들, etc…

6) 제약조건
 • 프로젝트를 시작하고 2년 이내에 프로젝트 목표를 달성할 것
 • 규정된 예산 내에서 작업을 끝낼 것.
 • 게임은 JP(Joy Portable)의 GPS 기능을 이용할 것

7) 전제조건
 게임의 가동환경은 ○○사제의 JP(Joy Portable)의 △△모델 이후에서, GPS 기능이 있고, 내장 메모리는 □□ 이상

8) 작업범위
 이하는 대상외로 한다.
 • 게임소프트 가격 결정 … 김주현 사장이 별도로 검토하고 결정
 • 영업 마케팅 기획, 추진 … 프로젝트로서는 이들 활동의 지원만 실시
 • 제품의 제조, 유통 … 다른 부가 담당하고, 프로젝트에서는 음반 작성까지 담당

9) 작업 일람(WBS)
 • 별도로 기재

10) 상정 리스크
 • 별도로 기재

11) 예상 예산
 • 별도로 기재

12) 프로젝트 조직
 • 별도로 기재

13) 요약 스케줄
 • 별도로 기재

14) 관리방법
 • 회의는 진행상황 보고회의는 주 1회, 사내보고는 월 1회 실시한다.
 • 변경관리는 …
 • 문제점 관리, …
   …

확실히 ACE-HI사는 기술력은 있지만 저희 회사와 라이벌인 기가드라이브사와 친한 회사지요…

ACE-HI사를 후보로 생각하는 것은 좋지만 다른 곳이 없는지도 한번 조사해보세요.

네.

그리고 승기씨는 나영씨와 의논해서 의뢰하고 싶은 내용을 「RFP」에 정리해주세요.

RFP가 뭡니까?

「Request For Proposal」 업무위탁처에 구체적인 제안을 하기 위한 의뢰서입니다.

그렇군요. 알겠습니다.

85

폴로 업

액티비티

WBS는 성과물이나 필요한 작업을 자세히 나눈 것입니다만 그 성과물 등을 보다 상세한 작업항목으로 분해한 것을 '액티비티'라고 합니다. 프로젝트 매니지먼트에서는 액티비티마다 스케줄 산정이나 담당자를 분담합니다.

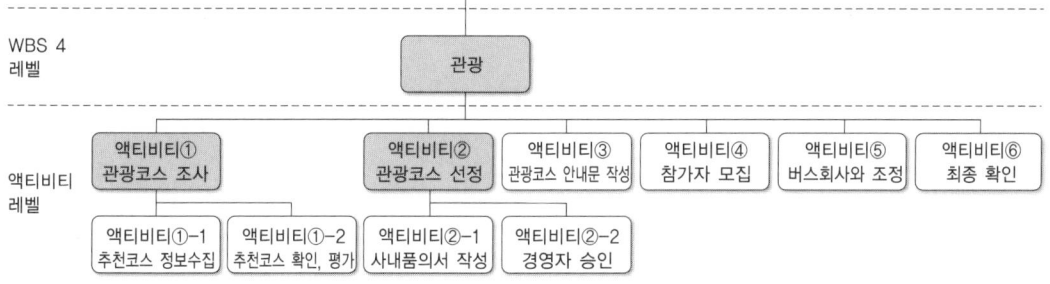

◆ 그림 3-1 액티비티 정의의 예(워크숍 프로젝트)

액티비티 순서
이 액티비티 간에는 꼭 지켜야 할 작업순서가 있습니다.

「워크숍 프로젝트」의 경우, 관광코스 선정은 프로젝트 내에서 관광코스의 정보를 수집(액티비티①-1)한 뒤에, 그것들을 확인평가하고, 프로젝트 매니지먼트 팀으로서 추천 관광코스를 결정합니다(액티비티①-2). 다음으로 사내 품의서*를 작성(액티비티②-1)하고, 그 품의서를 경영자에게 승인(액티비티②-2)을 받는 순서입니다.

또, 관광코스에 참가하고 싶은 직원을 모집(액티비티④)하는 데는 관광코스의 내용이나 특징을 기재한 관광 안내문을 사전에 준비(액티비티③)해야 합니다.

한편, 버스회사에 의뢰하거나 조정(액티비티⑤)은 관광코스의 인원을 정해두면, 경영자에게 승인(액티비티②-2)을 받은 이후에 진행할 수 있습니다.

관광코스 참가예정자에게 긴급연락망 등의 최종 안내나 버스회사와의 최종 조정 등을 포함한 최종으로 확인(액티비티⑥)하는 것은 관광 준비, 분담이라는 WBS의 최종 액티비티가 됩니다.

* 회사 등에서 담당자가 안건을 작성하고, 관계자에게 승인을 받을 때에 준비하는 문서를 말한다.

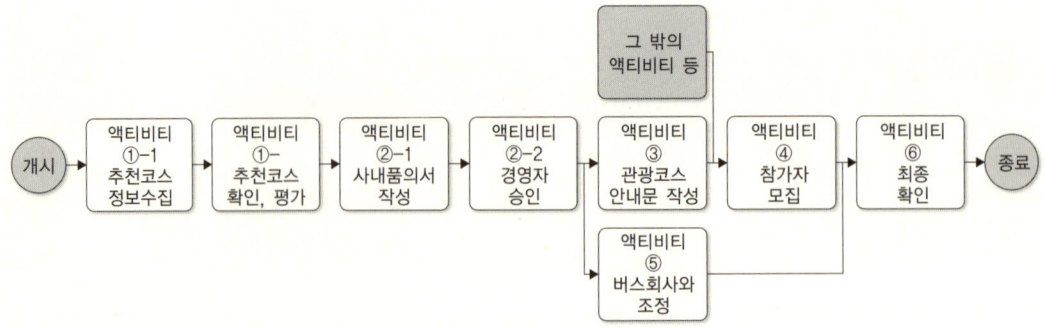

◆ 그림 3-2 액티비티의 순서(워크숍 프로젝트)

액티비티에 필요한 자원

프로젝트의 스케줄을 작성하거나 예산을 작성하는 등에 필요한 것이 각 액티비티에 필요한 자원 산정입니다. 필요한 자원이란 작업을 하는 데 필요한 인원이나 시간, 기기 등을 가리킵니다.

그림 3-2에서 설명합니다. 예를 들면 「워크숍 프로젝트」의 경우, 추천코스의 정보를 수집(액티비티①-1)하는 과정에서, 여행사나 버스회사 등에서 20종류의 추천코스를 제시했다고 칩시다. 각 코스를 확인한 후, 내용을 확인하고, 평가(액티비티①-2)하는데 1코스 당 30분 걸린다고 치면 전부 10시간(=20코스×0.5시간/코스) 걸립니다.

또, 참가자가 50명인 경우, 정원이 50명 이상인 버스라면 1대에 전원이 탈 수 있지만 정원이 50명 이하인 소형 버스라면 2대가 필요합니다.

액티비티의 소요기간 산정

프로젝트의 스케줄을 작성하는 데는 필요한 자원뿐만 아니라 소요기간을 산정해야 합니다.

예를 들면, 위에서 추천코스를 확인하고 평가(액티비티①-2)하는데 10시간이 필요하다고 했습니다. 이것을 한 명이 1일 8시간 작업할 경우, 2일이면 완료할 수 있습니다(10시간〈8시간/일×2일).

하지만 작업자가 다른 일을 하고 있거나 이를 확인하고 평가하는데 1일 2시간 밖에 시간을 할애할 수 없는 경우, 5일(=10시간÷2시간/일), 즉 작업기간이 일주일정도 필요하다는 산정이 나옵니다.

소요기간을 산정하는 방법으로 상기와 같이 액티비티의 소요시간 등을 토대로 산정하는 '모수 추정' 이외에 과거의 유사 액티비티 경험을 토대로 상정하는 '유사 추정', 보다 정확한 액티비티의 소요기간을 산출하는 '3점 추정'이 있습니다. 추정 액티비티의 내용이나 구한 산정의 정밀도 등에 따라 적절한 방법을 선택해야 합니다.

품의서를 이용해 경영자에게 승인(액티비티②-2)을 받는 작업 자체는 1시간 이내로 끝날지도 모릅니다. 하지만 다른 우선시해야 할 작업이나 외출을 하는 경우도 있으므로, 바로 검토해줄 수 있다고는 장담할 수는 없습니다. 이 때문에 보통 더 긴 기간을 예상해야 합니다.

경영자가 검토한 결과, 일부 재검토해야 할 것을 지시할 수도 있습니다. 그 경우, 다시 검토하여 품의서를 변경하거나 다시 작성하여, 경영자에게 다시 승인을 받아야 합니다. 그것들의 불확정 요소를 고려하여, 과거의 경험 등을 토대로 경영자에게 승인을 받는데 걸리는 소요기간을 산정해야합니다(=유사 추정).

스케줄을 작성할 때 주의해야 할 점

액티비티의 소요기간 산정이 끝나면 액티비티를 작업순서에 따라 작업개시일부터 나열하여 스케줄을 초기 작성합니다.

액티비티의 수가 많을 때는 전용 프로젝트 매니지먼트 툴을 이용하면 효율적으로 스케줄을 작성할 수 있습니다. 프로젝트 매니지먼트 툴은 시판되고 있는 소프트웨어뿐만 아니라 무료로 공개하고 있는 소프트웨어도 있습니다.

또, 전용 소프트웨어를 이용하지 않고도 표계산 소프트에서도 작성할 수 있습니다. 표계산 소프트의 매크로기능 등을 이용하여, 독자적인 프로젝트 매니지먼트 툴을 작성하고 이용하고 있는 기업은 많이 있습니다.

「워크숍 프로젝트」의 WBS인 「관광」 액티비티를 토대로 스케줄을 초기작성하면 그림 3-3의 초기작성판과 같이 됩니다.

이 스케줄에 의하면 「관광」 액티비티를 완료하는 데는 10주가 걸리게 됩니다.

스케줄 단축

스케줄 초기작성에 따라 기한 내에 끝내지 못하는 경우가 많이 있습니다.

이럴 때, '어쨌든 열심히 빨리 작업을 진행할 수밖에 없어!' 라는 생각은 적극적인 마음가짐으로는 훌륭합니다만 프로젝트 매니지먼트 관점에서는 평가할 수 없습니다.

목표를 달성하기 위해 실행할 수 있는 계획을 작성하고 계획대로 작업을 진행할 수 있도록 힘내는 것이 올바른 프로젝트 매니지먼트입니다.

소요기간을 단축하는 데는 두 가지 방법이 있습니다.

- 크래싱 … 자원을 추가하고 액티비티를 함에 따라 소요기간을 단축하는 방법
- 퍼스트 트래킹 … 앞의 액티비티가 종료하기 전에, 후속 액티비티를 개시함에 따라 소요기간을 단축하는 방법

「워크숍 프로젝트」의 추천코스 확인, 평가(액티비티①-2)는 혼자서 하면 5일 정도 걸린다는 계산이 나왔습니다. 그래서 이 액티비티를 혼자가 아닌 둘이서 하면 2.5일이면 끝낼 수 있습니다. 또는 혼자서 하루에 2시간 할애할 예정이었지만 이를 4시간으로 늘리면 똑같이 2.5일이면 끝낼 수 있습니다.

이와 같이 한 가지의 액티비티를, 하는 사람이나 시간 등의 자원을 추가함에 따라 소요기간을 삭감하는 방법이 크래싱입니다.

또, 관광코스 안내문을 작성(액티비티③)하는 것은 어느 정도 경영자에게 승인을 얻을 수 있다고 예상된다면 경영자에게 승인(액티비티②-2)을 받을 때까지 결과를 기다리지 않고도 작업을 개시할 수 있습니다. 이 같이 하면 경영자에게 승인을 받은 후 신속하게 참가자를 모집(액티비티④)할 수 있습니다. 즉, 관광코스의 안내 작성(액티비티③)의 소요기간 1주일을 앞당겨서 작업할 수 있게 됩니다. 이것이 퍼스트 트래킹입니다.

상기를 재검토하고, 수정한 스케줄이 그림 3-3의 수정판입니다.

스케줄을 작성할 때 주의해야 할 점

소요기간을 단축시키는 방법으로 크래싱과 퍼스트 트래킹 이 두 가지 방법을 설명했습니다만 이 방법이 항상 유효하다고는 할 수 없습니다. 반대로 이 방법을 이용함에 따라 작업량이 증가하거나 스케줄이 지연되는 경우가 있습니다.

예를 들면「워크숍 프로젝트」로 크래싱을 이용하여, 둘이서 추천 관광코스를 확인하고 평가한 경우, 둘의 평가기준이 다르면 적절하게 평가하지 못할 가능성이 있습니다. 또, 혼자서 하루에 주어진 시간의 두 배인 4시간을 할애하여 작업한 경우, 그 사람은 그 외에 다른 일이 있으면 야근을 해야 할지도 모릅니다.

한편, 관광코스의 안내문 작성(액티비티③)을 퍼스트 트래킹으로 앞당겨 작업을 개시한 경우 경영승인에 따라 선정하는 관광코스가 변경되면 지금까지 진행해온 작업이 물거품이 될지도 모릅니다.

단번에 완벽한 스케줄을 작성할 수 있는 것은 아닙니다. 우선 대강의 틀의 스케줄을 작성하고, 상기 주의해야 할 점에 주의하여 반복해서 재검토함에 따라 실행가능하고 적절한 스케줄을 작성하는 것입니다.

	ID	WBS		소요기간	제1주	제2주	제3주	제4주	제5주	제6주	제7주	제8주	제9주	제10주
초기작성판		워크숍 프로젝트												
		...												
		C관광												
	C11		①-1 추천코스 정보수집	1주일	■									
	C12		①-2 추천코스 확인 및 평가	1주일		●■								
	C21		②-1 사내품의서 작성	1주일			■							
	C22		②-2 경영자 승인	2주일				■■						
	C30		③ 관광코스 안내 작성	1주일						●■				
	C40		④ 참가자 모집	2주일							■■			
	C50		⑤ 버스 회사와 조정	2주일								■■		
	C60		⑥ 최종확인	2주일									■■	
		...												

	ID	WBS		소요기간	제1주	제2주	제3주	제4주	제5주	제6주	제7주	제8주	제9주	제10주
수정판		워크숍 프로젝트												
		...												
		준비·분담												
		C관광												
	C11		①-1 추천코스 정보수집	1주일	■									
	C12		①-2 추천코스 확인 및 평가	0.5주일		▼								
	C21		②-1 사내품의서 작성	1주일			■							
	C22		②-2 경영자 승인	2주일				■■						
	C30		③ 관광코스 안내문 작성	1주일					▼					
	C40		④ 참가자 모집	2주일					■■					
	C50		⑤ 버스 회사와 조정	2주일							■■			
	C60		⑥ 최종확인	2주일								■■		
		...												

(작업기간단축 / 작업개시 / 1.5주일 단축)

◆ 그림 3-3 재검토하여 수정한 스케줄(워크숍 프로젝트)

비용을 산정하는 방법

어떤 프로젝트든지 반드시 포함되어 있는 제약조건이 비용입니다. 정해진 예산 내에서 프로젝트를 실시하는 것은 프로젝트 매니지먼트의 중요한 요소입니다. 정해진 예산으로 프로젝트를 실시하기 위해서는 계획단계에서 비용을 적절하게 계산하는 것이 중요합니다.

비용을 계산하는 데는 주로 3가지 방법이 있습니다.

- 유사 추정 … 과거의 유사한 프로젝트에서 발생한 비용을 참고로 하여 산정하는 방법
- 상향식 산정 … 액티비티마다 발생하는 비용을 산정하고, 집계하여 총액을 산출하는 방법
- 모수 추정 … 과거의 프로젝트 등을 토대로 비용과 그것에 영향을 미치는 변수와의 관계

를 구하여 이 수치를 토대로 비용을 산정하는 방법

「워크숍 프로젝트」의 경우, 과거에 실시한 워크숍의 비용을 토대로 계산하는 것이 유사 추정입니다. 예를 들면 과거의 워크숍에서는 직원 80명이 참가하고, 2400만원이 들었다고 칩시다. 이 경우, 직원 한 명 당 30만원(=2400만원÷80명)의 비용이 듭니다.

이번 워크숍에는 직원 100명이 참가한다고 상정하고 있는 경우 3000만원(=30만원/명×100명)의 비용이 든다고 산정할 수 있습니다.

상향식 산정에서는 숙박비라든지 버스비, 계획에 드는 비용을 각각 계산하고, 그것들을 합하여 총액을 산정합니다.

한편, 모수 추정은 워크숍을 많이 기획하고 있는 여행사 등이 비용을 예상할 때에 이용하는 것입니다. 과거의 실적을 토대로 여행 일정, 참가 인원, 숙박시설의 등급, 주야 기획 내용 등을 토대로 총액을 산출하는 계산식을 작성합니다.

비용 삭감

추정 비용이 예산을 초과한 경우, 프로젝트를 개시, 계속하기 전에 비용을 삭감할 대책이 필요합니다.

비용 삭감 대책을 검토할 때는 우선 가장 많이 드는 비용 항목부터 삭감할 수 있는지를 검토합니다. 크게 삭감할 수 없는 경우에는 액티비티의 필요 여부나 실시방법에 대해서도 근본적으로 재검토해야 합니다. 삭감하기 쉬운 항목만 삭감하거나 안이한 할인은 일시적인 추정 비용 삭감으로는 이어지지만 비용을 지체시키는 것에 불과하여 나중에 비용이 발생하는 경우가 많으므로 주의해야 합니다.

예산을 작성할 때 주의해야 할 점

비용 예산을 작성할 경우, 우선 어디까지 비용을 포함하고 있는지 프로젝트 오너를 비롯한 관계자에게 확인해 두어야 합니다. 예를 들면, 신제품 개발 프로젝트나 시스템 구축 프로젝트와 같은 많은 직원이 프로젝트의 액티비티를 짊어지는 경우, 직원의 인건비는 프로젝트의 큰 비용 항목이 됩니다.

비용 예산을 작성하는 데 있어서 주의해야 할 점이 3가지 있습니다.

첫째, 비용이 많이 들 것 같은 항목을 빠뜨리지 않을 것. 1회에 드는 비용은 소액이더라도 장기간 계속해서 발생하는 비용이나 부품 1개당의 비용은 소액이라도 부품이 많이 필요해질 수 있으므로 비용은 충분히 주의해야 합니다.

둘째, 크게 변동할 것 같은 항목을 파악해둘 것. 추측으로 밖에 추정할 수 없는 항목이나 프로젝트의 상황이나 스테이크홀더의 요구 등에 따라 변동할 것 같은 항목을 인식해 둡니다.

마지막으로 예비비를 포함할 것. 예비비의 액수는 프로젝트 종류나 내용, 기업에 따라 다릅니다만 어느 정도 포함시키지 않으면 프로젝트 매니저나 프로젝트 매니지먼트 팀은 항상 비용을 삭감하는 일에 휘둘리게 됩니다.

프로젝트의 비용은 차츰차츰 증가하는 경우는 있더라도 자연스레 감소하는 경우는 없습니다. 어느 정도 비상금을 포함시키지만 그것은 없는 것으로 생각하여 프로젝트를 운영합니다. 그것이 프로젝트를 예산 내로 억제하기 위한 기본적인 사고방식이라고 필자는 생각합니다.

프로젝트 계획서를 작성할 때 주의해야 할 점

이제까지 검토, 명확하게 한 사항을 프로젝트 계획서에 기술합니다.

- 프로젝트의 목적과 목표(성공기준)
- 프로젝트의 요구사항이나 그것을 만족시키기 위해 필요한 성과물이나 작업 범위
- 성과물 작성이나 작업 실시에 필요한 액티비티와 그 실시 스케줄
- 프로젝트 비용 예산
- 프로젝트의 스테이크홀더
- 프로젝트에서 지켜야 할 제약조건, 전제조건
- 프로젝트의 체제

또, 다음 장 이후에서 설명하는 이하의 사항에 대해서도 아는 범위 내에서 기술합니다.

- 성과물이나 작업실시의 조달에 대해서
- 프로젝트에서 달성해야 할 품질기준과 그 실현방법에 대해서
- 프로젝트에 관한 위험에 대해서
- 프로젝트 팀 멤버 편성, 육성에 대해서
- 스테이크홀더와의 원활한 커뮤니케이션 실시에 대해서

프로젝트 계획서를 작성할 때 주의해야 할 점
제2장에서 프로젝트 계획서 작성의 목적으로 이하의 3가지를 설명했습니다.

1. 실행가능한 계획을 작성한다.
2. 스테이크홀더와 공유한다.
3. 프로젝트를 진행할 때 이용한다.

3가지 목적을 실현하기 위해 이하의 사항에 주의하여 프로젝트 계획서를 작성해야 합니다.
① 쉽게 이용할 수 있는 분량, 내용으로 한다.
② 회의에서 빈번하게 설명, 인용한다.
③ 정기적으로 재검토한다.

① 쉽게 이용할 수 있는 분량, 내용으로 한다.

아무리 훌륭하고 치밀하게 쓴 프로젝트 계획서라도 너무 분량이 많아 이해하기 어렵다면 프로젝트 팀 멤버는 프로젝트의 계획을 제대로 이해하지 못합니다. 많은 내용을 포함하고 싶은 마음은 이해됩니다만 이용할 사람들에게 의도가 전달되지 않으면 아무런 의미가 없습니다. 전달하는 것뿐만 아니라 전달되는 것을 중시하여 기술내용이나 기술방법을 연구해야 합니다.

② 회의에서 빈번하게 설명, 인용한다.

프로젝트 매니저 이상으로 프로젝트 계획을 신경 쓰는 프로젝트 팀 멤버는 없습니다. 대부분의 멤버는 프로젝트 계획보다 자신이 담당하는 작업에 흥미가 있기 때문입니다.

하지만 프로젝트의 계획을 이해하여, 멤버가 각 작업을 할지에 따라 성과가 크게 달라지는 경우가 있습니다.

그래서 프로젝트 매니저나 프로젝트 매니지먼트 팀은 프로젝트 계획서의 기술을 인용하여 설명함에 따라 프로젝트 계획서의 내용을 프로젝트 팀 멤버가 이해할 것을 요구하고 있습니다.

매일 아침, 조례시간에 사훈을 외치는 회사와 같이 프로젝트의 목적이나 요점을 매일 읽고, 입으로 소리 내는 것을 습관화하는 것도 좋습니다.

③ 정기적으로 재검토한다.

프로젝트에는 예상하지 못한 사태가 발생하여, 프로젝트 계획과 차이가 발생하는 것입니다.

그러므로 프로젝트 계획을 정기적으로 재검토하는 것이 중요합니다. 빈번하게 내용이 많이 바뀌는 프로젝트 계획서도 이용하기 어렵습니다만 전혀 바뀌지 않아 이용할 수 없는 계획서보다는 훨씬 낫습니다.

CHAPTER 4
제4장

프로젝트 작업에 착수한다

4-1 프로젝트 작업개시
4-2 조달 매니지먼트
4-3 품질 매니지먼트
4-4 리스크 매니지먼트
4-5 프로젝트 팀의 매니지먼트

■ 폴로 업
- 킥오프 회의
- 조달
- 품질
- 리스크
- 멤버와 팀의 매니지먼트

❖ 4-1 프로젝트 작업개시

그럼 지금부터 제로 프로젝트의 킥오프 회의를 시작하겠습니다.

가장 먼저 분명하게 말해두겠습니다. 이번 제로 프로젝트

목표는 2년 이내에 게임 리뷰 사이트인 『게임회의』에서 90점 이상을 얻는 것입니다!

네!?

정말입니까?

이게 매상을 올리는 것 이상으로 어려운 목표라는 것은 잘 알고 있습니다.

하지만 인카운터 직원 모두의 힘을 모으면 틀림없이 달성할 수 있을 거예요! 저는 그렇게 믿고 있습니다.

그럼, 제로 프로젝트의 구체적인 계획에 대해서 프로젝트 매니저인 승기씨의 설명이 있겠습니다.

❖ 4-2 조달 매니지먼트

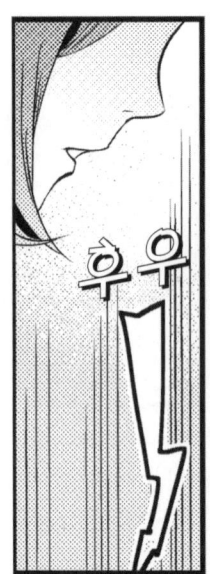

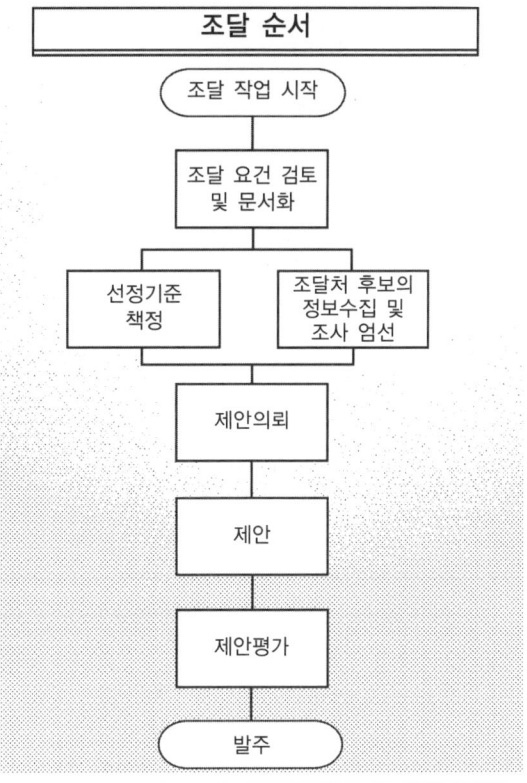

4-3 품질 매니지먼트

❖ 4-4 리스크 매니지먼트

한편, GPS 기능 쪽은 여러 조달처를 검토한 뒤, 결국은 ACE-HI사에 부탁하게 되었지만…

ACE-HI사에서 연락이 왔는데 지금 사양이라면 기대하던 화면의 표시속도는 실현하지 못할 가능성이 있다고 합니다…

표시속도를 개선하는 데는 우리 회사에서 만든 프로그램을 수정할 필요가 있습니다만 그렇게 하면 스케줄을 변경해야 해서…

그거 난감하네요.

❖ 4-5 프로젝트 팀의 매니지먼트

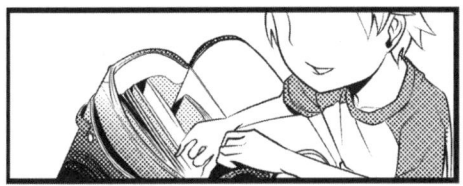

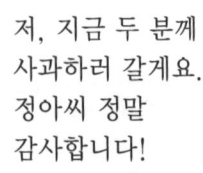

폴로 업

킥오프 회의

프로젝트를 작업할 때 프로젝트 팀 멤버를 모아 프로젝트의 목적이나 목표, 작업개요, 스케줄 등을 전달하는 것이 중요합니다. 이 회의를 킥오프 회의라고 합니다.

처음부터 몇 명에서 시작한 프로젝트나, 프로젝트라고 부르고 있지는 않지만 이전부터 활동하고 있던 경우, 다시 킥오프 회의를 하지 않아도 된다고 생각하시는 분도 있습니다.

하지만 어떤 작은 프로젝트든 단기간이든 상관없기 때문에 이하와 같은 목적을 위해 킥오프 회의를 개최할 것을 필자는 장려합니다.

1. 프로젝트의 목적과 목표(성공기준) 공유
2. 프로젝트 팀 멤버의 불안을 경감

1. 프로젝트의 목적과 목표(성공기준) 공유

이제까지 몇 번이고 설명했습니다만 프로젝트에서 가장 중요한 것은 프로젝트의 목적과 목표(성공기준)입니다. 이것이 명확하지 않은 한 프로젝트가 성공하기는 어렵습니다.

프로젝트의 목적과 목표(성공기준)를 이해해야 되는 건 프로젝트 매니저나 프로젝트 매니지먼트 팀 뿐만이 아닙니다. 프로젝트 팀 멤버 전원이 이해하고, 프로젝트의 각 작업에 열중해야 합니다.

프로젝트 팀 멤버 중에는 무엇을 해야 할지, 자신에게 무엇을 요구하고 있는지를 전혀 모르고 참가하는 사람도 있을지도 모릅니다. 그 중에는 시키니까 마지못해 프로젝트에 참가하고 있는 사람도 있을지도 모릅니다. 하지만 프로젝트를 성공시키기 위해서는 그 같은 사람도 활약해야 합니다. 그러기 위해 필수인 것이 프로젝트의 목적과 목표(성공기준)를 이해하는 것입니다.

2. 프로젝트 팀 멤버의 불안감을 경감

프로젝트 개시 당초에는 프로젝트 팀 멤버의 대부분이 불안해합니다. 자신이 이제부터 무엇을 하면 좋을지, 멤버와 협력해서 작업을 할 수 있을지, 정말로 목표를 달성할 수 있을 지 등 불안하기 짝이 없습니다.

'프로젝트를 성공시키기 위한 작업계획은 이미 프로젝트 계획서로 작성해 두었으니, 그대로만 멤버가 협력하여 작업 한다면 반드시 프로젝트는 성공한다!' 멤버의 불안감을 조금이라도 경감시키기 위해 프로젝트 매니저는 자신감을 가지고 그것을 멤버에게 전달해야 합니다.

프로젝트 개시 당초에는 누구보다도 프로젝트 매니저 자신이 불안할지도 모릅니다. 하지만 그것을 프로젝트 팀 멤버 앞에서 이야기 한다든지, 표정, 행동으로 보여줘서는 안 됩니다. 프로젝트 매니저의 불안감은 프로젝트 팀 멤버에게 전달됩니다.

자신 없다는 듯이 아래만 쳐다보고 원고를 읽는 프로젝트 매니저를 당신은 신뢰할 수 있습니까? 그런 프로젝트 매니저의 지시에 따라 작업한다고 해서 프로젝트가 성공할 것 같습니까?

설령 불안하더라도 '여러 불안한 부분이나 과제가 있을지도 모르지만 하나하나 해결해 나가면 프로젝트는 반드시 성공할 수 있다!'는 긍정적인 발언을 자신감 넘치는 표정으로 말해야 합니다.

조달

프로젝트에서는 외부에서 제품이나 서비스, 일부 작업을 제공받는 경우가 있습니다. 이를 조달이라고 합니다. 프로젝트에서 '쇼핑'이라고 생각하면 됩니다.

개인이 하는 쇼핑이라면 자신의 취향이나 감성으로 결정하든지, 충동구매라도 상관없지만 프로젝트 조달에서는 그건 인정할 수 없습니다.

프로젝트의 조달은 프로젝트의 목적, 목표를 달성하기 위해 프로젝트 오너에게 받은 돈을 사용하여 진행하는 것입니다. 조달처나 조달금액 등을 정하기 전에, 충분히 조사하고 비교검토를 하지 않으면 프로젝트 오너나 스테이크홀더에게 양해를 얻지 못합니다.

또, 조달한 성과물이나 작업에 문제가 있다는 것이 발각된 경우, 조달 순서나 조사, 검토에 문제가 있지는 않은지 듣게 됩니다. 문제에 대한 대책을 취할 때도 검토에 문제가 있었는지, 판단에 문제가 있었는지, 작업의 진행방법에 문제가 있었는지 등 명확하지 않으면 적절한 대책을 취할 수 없습니다.

조달하기 위해서는 일단 무엇을 조달해야 할지를 명확하게 하는 것부터 시작합니다.

제 2장에서 설명한 WBS나 액티비티 중에서 프로젝트 내에서 작성이나 작업할 수 없는 사항 등이 조달 대상이 됩니다.

다음으로 프로젝트가 필요로 하는 사항을 제공해 줄 조달처가 있는지 조사합니다. 동시에 여러 조달처를 비교하고 평가할 기준을 준비합니다. 이 평가기준이 없으면 평가자가 받은 인상이나 호불호로 조달처가 정해지든지 평가자 중에서 가장 목소리가 큰 사람이 추천한 조달처로 정해집니다.

조달처 조사를 끝내고, 평가기준을 작성했다면 조달처 후보에게 프로젝트가 필요로 하고 있는 사항을 전달하고, 제안 또는 견적을 냅니다. 이 제안을 의뢰할 때에 제출할 요구사항이나 각종 조건 등을 기술한 의뢰서를 'RFP(Request For Proposal)' 라 합니다.

조달처 후보가 제안 또는 견적을 제출하면 평가기준을 사용해서 그것들을 개별평가 및 비교평가를 하여 조달처를 결정합니다.

「워크숍 프로젝트」의 경우, 숙박시설을 선정하는 것은 조달입니다.

숙박시설의 웹페이지 등을 참고로 하여 숙박시설 후보를 압축하고, 표 4-1과 같은 평가기준을 작성합니다.

◆ 표 4-1 평가기준의 예(워크숍 프로젝트의 숙박시설)

평가항목	평가기준(3단계 : ○, ▲, ×)	모델 A	모델 B	모델 C
입지	회사에서 1박 2일로 갈 수 있는 장소인가?	○	○	▲
시설	온천이 있는가? 에스테틱 시설이 있는가? 참가자 전원이 뒤풀이할 수 있는 방이 있는가?	○	▲	○
방	1인실이나 2인실이 있는가?	○	○	▲
요리	…	○	×	○
서비스	…	○	▲	○
금액	…	×	▲	○
…	…	×	○	▲
총합평가	각 평가항목의 ○을 2점, ▲를 1점, ×를 0점으로 계산하고, 순위를 매긴다.	1위	3위	2위

또, 스테이크홀더의 요구사항이나 참가인원, 일정 등을 숙박시설 후보에게 전달하고, 예상 금액 등을 제시받습니다. 그 후, 평가기준을 사용하여 각 숙박시설 후보의 개별 및 비교평가를 하여 이 프로젝트의 목적, 목표 실현에 가장 적합한 숙박시설을 선정합니다.

상기와 같은 순서로 조달하면 자신의 희망대로 되지 않은 스테이크홀더도 이해할 수 있습니다.

조달 매니지먼트의 포인트
평가기준을 미리 작성

품질

검사보다도 예방

근대적인 품질 매니지먼트에는 '품질은 계획, 설계, 구조에 의해 달성되는 거지 검사에 따라서는 아니다.'라는 사고방식이 있습니다.

어쨌든 성과물을 만들고, 검사해서 품질을 올리는 사고방식은 언뜻 맞는 것처럼 생각되지만 프로젝트 매니지먼트의 관점에서는 가장 적합하다고는 할 수 없습니다.

이것은 일반적으로 결함을 예방하기 위한 비용이, 검사에 따라 발견될 결함을 시정할 비용에 비교하면 저렴하다는 것을 가리킵니다.

'검사보다 예방'

품질을 매니지먼트하기 위해서는 우선 이 말에 확실히 주의를 기울여야 합니다.

또, 프로젝트 매니지먼트에서의 품질은 성과물에 관한 품질뿐만 아니라 성과물을 만드는 작업순서나 내용도 포함됩니다. 작업을 효과적으로 하고 있는지, 결함이 잘 발생하지 않는 작업내용인지, 결함을 빨리 발견할 수 있는 작업순서인지 등도 품질 매니지먼트로서 검토하고 확인합니다.

고객만족

프로젝트에서의 품질에서는 고객을 만족시키는 것이 중요합니다. 고객을 만족시키기 위해서는 이하의 2가지 종류의 요구를 만족시켜야 합니다.

- 요구사항에 적합
- 사용적합성

요구사항에 적합하다는 것은 프로젝트에서 만드는 성과물이나 서비스의 성능, 품질 등이 프로젝트 오너나 스테이크홀더들의 요구에 맞다는 것입니다.

한편, 사용적합성이란 그 성과물이나 서비스 등이 프로젝트 오너나 스테이크홀더의 실제 요구사항을 만족시키고 있는 것입니다.

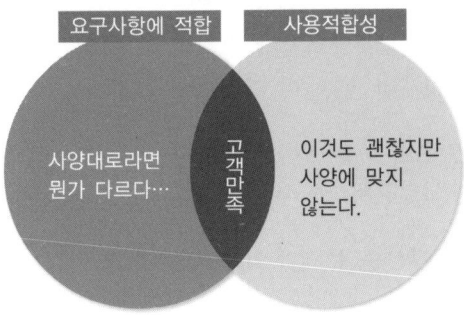

◆ 그림 4-1 고객만족

「워크숍 프로젝트」의 경우, 온천에 가는 것이 부장님의 요구사항이라고 합시다. 요구사항에 적합한 것만을 생각하면 온천이 있는 곳이라면 어디든지 상관없습니다. 하지만 시내에 있는 호텔이고, 각 방의 욕조에서 온천을 즐길 수 있는 곳이라면 부장님이 만족할까요?

부장님이 상상하는 온천이 모두 함께 들어갈 수 있는 온천이라든지 노천탕이 있는 곳이라고 하면, '확실히 온천이긴 하지만 내가 원하던 온천은 아니야'라고 불만을 토로할 수 있지 않겠습니까?

프로젝트 오너나 스테이크홀더의 실제 요구사항을 파악하는 것은 간단하지 않습니다. 요구사항을 들어도 명확하게 자신의 요구사항을 구두나 문서로 전달하는 것은 간단하지 않기 때문입니다. 또, 아무리 명확하게 전달했다고 하더라도 듣는 사람이 요구사항의 의도를 100% 이해할 수 있다는 보장은 없습니다.

그렇다고 해서 실제 요구사항을 파악하는 것을 포기해서는 안 됩니다.
고객만족을 실현하기 위해 상대방의 입장이나 시점에서 요구사항을 파악하려는 행동이나 의식을 요구합니다.

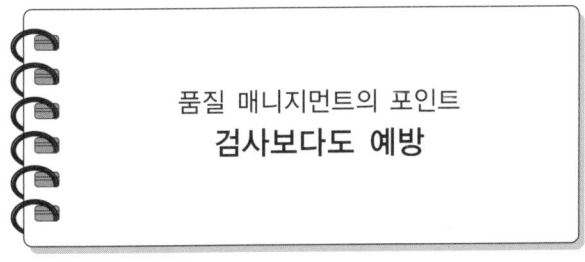

제4장···프로젝트 작업에 착수한다

리스크

프로젝트의 목표나 작업에 영향을 주는 사항을 리스크라고 합니다.

예를 들면, 조달처에서 납품이 지연되어 다른 작업을 계획대로 진행할 수 없는 경우, '조달처에서의 납품지연'은 리스크입니다. 일정시간 정전이 되어 원재료를 식힐 수 없었기 때문에 폐기할 수밖에 없는 경우, '일정시간 정전'이 리스크입니다.

리스크가 문제와 다른 점은 현시점에서는 아직 영향을 주고 있지 않다는 점입니다. 하지만 일단 리스크가 현실이 된 경우, 프로젝트에 여러 영향을 미칩니다.

그래서 프로젝트 매니지먼트에서는 문제에 대한 대응뿐만 아니라 리스크에도 적절하게 대응할 것을 요구하고 있습니다.

리스크에 대한 대응방법에는 이하의 4가지가 있습니다.

- 회피
- 전가
- 경감
- 수용

회피란 리스크를 피하거나, 리스크의 발생 원인을 없애거나 리스크 영향을 피하기 위해 프로젝트 계획을 변경하는 대응을 하는 것입니다.

'일정시간 정전'이라는 리스크의 경우를 예로 들면, 정전의 경우에서도 전력을 확보할 수 있도록 자가발전설비를 갖추는 것은 회피에 대한 대응입니다.

전가라는 것은 리스크에 따른 마이너스의 영향을 제삼자에게 이전시키는 대응을 하는 것입니다.

'일정시간 정전' 리스크의 경우, 예상할 수 있는 손해액을 보상받는 보험에 들어 놓는 것은 전가의 대응입니다.

경감이란 리스크 발생확률 및 영향도를 수용할 수 있는 정도까지 경감하는 것입니다.

'일정시간 정전' 리스크의 경우, 정전이 잘 발생하지 않는 지역으로 이전하든지 보관할 원재료를 감소시키는 것이 경감의 대응입니다.

수용이란 리스크의 경감이나 회피 등의 대응을 하지 않는다고 결정하는 것입니다. 리스크 제거가 곤란한 경우나 적당한 리스크 대응책이 없는 경우에 채용하는 대응입니다. 리스크가 발생했을 때를 위해, 자금이나 시간면에서 여유를 가지는 등의 준비를 하는 경우도 있습니다.

'일정시간 정전' 리스크의 경우, 정전에 따라 원재료를 폐기하게 되어도 그 피해액은 크지 않아 바로 원재료를 조달할 수 있기 때문에 업무에 지장이 없다고 판단한 경우, 수용의 대응이 됩니다.

프로젝트 매니지먼트에서는 프로젝트의 리스크를 정기적으로 산출하고, 그 영향을 조사하여 대응방법을 검토하고 실시할 것을 요구하고 있습니다.

「워크숍 프로젝트」의 경우, 표 4-2와 같은 리스크 관리부를 작성하여, 정기적으로 확인하고 대응합니다.

◆ 표 4-2 리스크 관리목록(워크숍 프로젝트)

리스크 항목	발생확률	경향도	우선순위	대응전략	대응책
여행 당일이 폭우 또는 뇌우일 경우, 골프를 예정대로 실시할 수 없다.	中	中	B	수용	여행지 주변에 시뮬레이션 골프장을 찾아두고, 가예약한다.
여행 당일 날 비가 오는 경우, 관광코스의 일부에 지장이 있다.	大	小	C	회피	관광코스 일부를 변경하고, 비가 내려도 관광할 수 있는 장소로 한다.
경영진이 타는 버스가 사고 난 경우, 회사경영이 어려워진다.	小	大	A	경감	경영진은 전원이 같은 버스에 타지 않도록 조정한다.
직원이 탄 버스가 사고 난 경우, 업무에 지장이 생긴다.	小	大	A	전가	여행 중의 사고가 날 경우를 대비해서 보험에 가입한다.

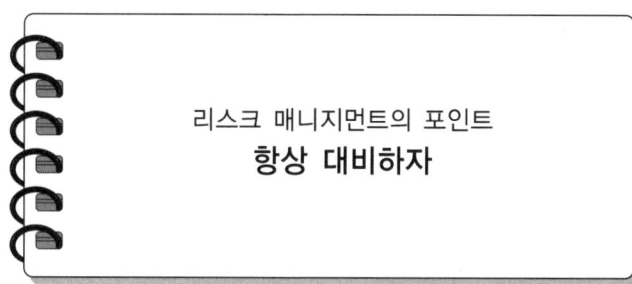

리스크 매니지먼트의 포인트
항상 대비하자

멤버와 팀 매니지먼트

멤버 매니지먼트

프로젝트 액티비티 실시에 필요한 스킬, 경험, 인원을 계산하여, 그에 맞는 인재를 선출한다. 그 사람들에게 적절한 타이밍으로 프로젝트에 참가하게 하고, 필요한 교육, 서포트, 동기부여, 팀 편성을 하고 예정대로 성과를 얻는다. 이들 작업은 프로젝트 매니지먼트로서 해야 할 일입니다.

멤버가 예정대로 성과를 내지 못한다고 해서, 안이하게 질책하는 것은 바람직하지 않습니다. 성과가 나오지 않는다는 것은 무언가의 원인이 있고, 그 이유마다 취해야 할 대책은 다르기 때문입니다.

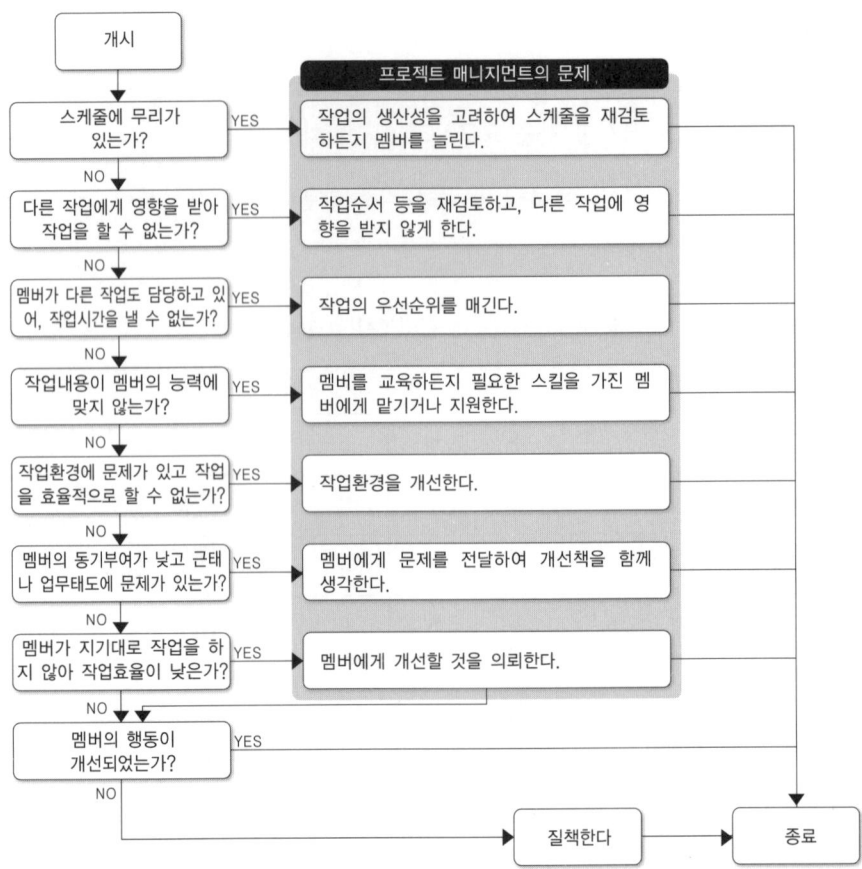

◆ 그림 4-2 멤버가 성과를 얻지 못하는 경우의 대응

팀 매니지먼트

각 멤버의 스킬과 능력은 좋은데, 팀으로서 성과가 나오지 않는 경우가 자주 있습니다. 이 같은 경우, 이하의 4가지 원인이 있습니다.

① **팀 역할에 기인**

팀 역할이 명확하지 않고, 다른 팀의 역할과 중복하는 부분이 많은 등의 경우, 팀은 기대하던 성과가 나오지 않습니다. 또, 프로젝트 내의 팀이 증가한 경우도 팀 간 조정해야 할 일이 증가하여 성과가 나오기 힘들어 집니다.

프로젝트에 있어서 괜찮다고 생각하여 팀을 편성했더라도 기대만큼 성과가 나오지 않는 경우는 자주 있는 일입니다. 그 때는 팀을 통폐합하거나 재편성을 할 필요가 있습니다.

팀 역할이 명확해지면 멤버는 활동하기 쉬워져 성과를 낼 수 있게 됩니다.

② 팀 리더에 기인

팀 리더에게 요구하는 스킬이나 능력은 멤버에게 요구하는 스킬이나 능력과는 다릅니다. 어느 팀의 리더를 맡았다고 해서, 다른 팀의 리더도 맡을 수 있는지 묻는다면 그렇지 않습니다. 팀의 역할이나 인수, 멤버 구성에 따라 팀의 매니지먼트 방법도 맞추어야 하기 때문입니다.

팀의 리더가 적절하게 팀을 매니지먼트 하지 못하는 경우, 프로젝트 매니저 또는 프로젝트 매니지먼트 팀이 조언을 하거나 지원해야 합니다. 그래도 개선되지 않는 경우에는 리더를 교체해야 합니다.

③ 팀 멤버 구성에 기인

개인의 스킬, 능력이 높은 멤버를 갖추었다고 해서 최강의 팀이 되는 것은 아닙니다. 팀으로서 성과를 내기 위해서는 각 멤버가 팀 내에서의 역할을 인식하여 협조, 협력해야 합니다.

팀 멤버를 선정할 때, 프로젝트 매니지먼트 팀은 상기의 것도 고려하여 팀을 검토해야 합니다.

④ 팀의 육성단계에 기인

상기 ①~③을 고려하여, 팀의 역할을 명확하게 하고, 리더 및 멤버를 선정하여 팀을 평성해도 처음부터 팀이 예정대로 기능하는 것은 아닙니다. 팀에게는 육성단계가 있기 때문입니다.

새롭게 편성된 팀은 일반적으로 그림 4-3의 4가지 단계를 거쳐 성장합니다.

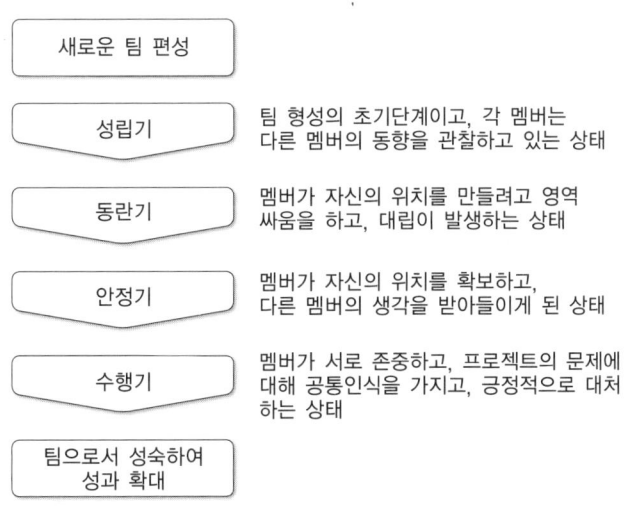

◆ 그림 4-3 팀의 육성단계

팀이 빠르게 안정기, 수행기가 되도록 각종 대책을 세우는 일이 프로젝트 매니저나 프로젝트 매니지먼트 팀, 팀의 리더가 해야 할 프로젝트 매니지먼트입니다.

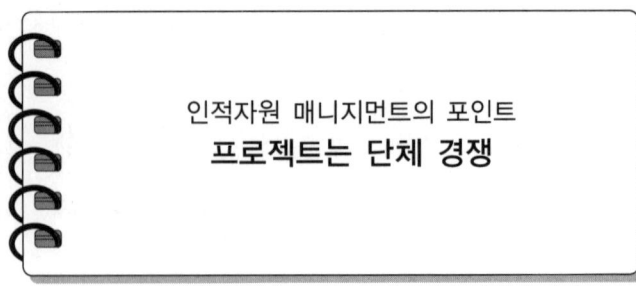

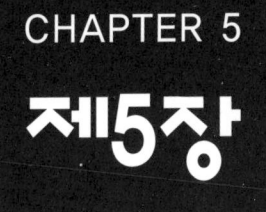

CHAPTER 5
제5장

프로젝트를 컨트롤한다

5-1 진행상황 확인
5-2 스테이크홀더에게 설명
5-3 프로젝트 계획서를 재검토

■ 폴로 업
　• 적절한 진행 보고
　• 스테이크홀더 대응
　• 프로젝트 계획 변경

5-1 진행상황 확인

인카운터가 출전할 『게임 박람회』가 한 달 남았습니다!
여기에서 각 팀의 진행상황을 확인해 두고 싶습니다.

그래픽 팀은 지난 주 감기가 걸려 쉰 멤버가 있어서 조금 지연된 부분이 있습니다만 이번 주 중에는 예정대로 맞출 수 있습니다.

감기에 걸린 건 어쩔 수 없지요. 이번 주 노력해 주세요.

사운드 팀은 열심히 해서 일주일 정도 앞당겨 끝낼 수 있을 것 같아요!

정말입니까!? 역시 재성씨에요!

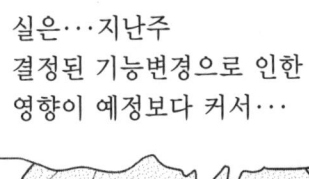

❖ 5-2 스테이크홀더에게 설명

❖ 5-3 프로젝트 계획서를 재검토

그리고 나서

후우…
전무님이 납득하셔서
다행이에요. 프로젝트로서는
게임을 판매하는 첫날
영업지원을 해야 한다는
작업이 늘긴 했지만…

뭐,
프로젝트 매니지먼트로서는
스테이크홀더에게
관련된 문제에
잘 대응한 편이에요.

그렇습니까?

전시회에서 나온 과제도
포함해서 여기에서
프로젝트 계획서를
재검토해야 돼요.

폴로 업

적절한 진행보고

한 마디로 진행상황을 확인하는거라 하더라도 프로젝트의 내용이나 규모, 스케줄 등에 따라 확인하는 방법은 크게 다릅니다.

일주일에 한 번 정해진 시간에 관계자들이 모여, 각자 진행상황을 발표하는 프로젝트도 있습니다. 시간단위로 작업을 하기 때문에 하루에 몇 번 진행상황을 전자메일로 보고하고 확인해야하는 프로젝트도 있습니다. 한 가지의 작업에 시간이 걸리고, 갑자기 진행상황이 변화하는 경우는 없기 때문에 1개월 또는 3개월에 한 번 진행상황을 확인하는 프로젝트도 있습니다.

확인방법은 프로젝트에 따라 다릅니다만 진행상황을 확인하는 목적은 같습니다.

- 프로젝트 계획과의 차이와 발생 원인을 확인하고 공유한다.
- 나중에 차이가 나게되는 리스크를 인식하고 공유한다.
- 차이를 개선하고 리스크에 대한 대응을 향한 과제를 검토한다.

작업이 지연되고 있는 팀의 리더나 멤버를 질책해도 사태는 변하지 않습니다.
왜 작업이 지연된 것인지, 어떻게 하면 지연되지 않게 할 것인지, 지연되지 않게 하려면 어떻게 계획을 재검토하면 되는지 등을 프로젝트로서 검토하고, 구체적인 행동을 취하도록 함에 따라서만 사태가 개선될 수 있습니다.

적절한 진행보고
프로젝트가 지연되는 것을 적절하게 대처하기 위해서는 지연된 원인을 명백하게 밝히는 것과 동시에 현재의 진행상황을 제대로 파악하는 것이 프로젝트 매니지먼트로서는 중요합니다.

하지만 적절한 진행보고가 팀 리더나 멤버로 행해지지 않아 현재의 진행상황을 파악할 수 없는 프로젝트도 적지 않습니다.

적절하게 진행보고가 되지 않는 건 여러 이유가 있습니다만 대부분의 경우에는 프로젝트 매니지먼트 측의 문제입니다.

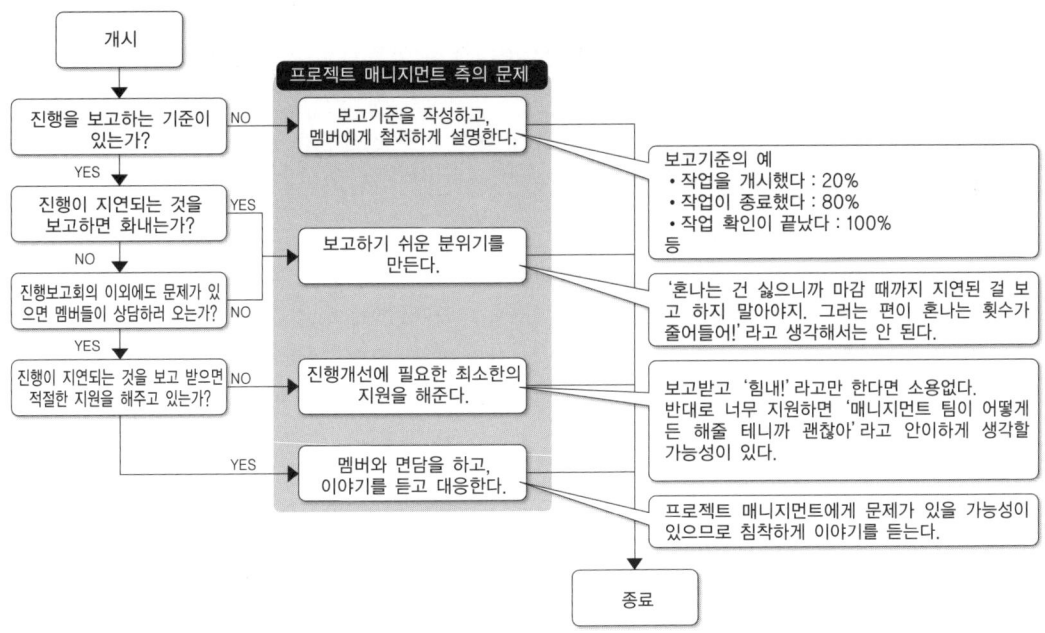

◆ 그림 5-1 적절한 진행보고가 이루어지지 않는 경우의 대응

　적절한 진행보고가 이루어지고 있지 않다고 생각할 때는 보고한 사람을 질책하기 전에, 우선 프로젝트 매니지먼트에게 문제가 없는지를 의심해봐야 한다.

스테이크홀더 대응

　프로젝트의 마지막 단계가 되어서 스테이크홀더에게서 생각지도 못한 요구사항을 듣게 되는 경우도 있습니다.

　전혀 들은 적도 없는 요구사항도 있고, 이전 설명했던 요구가 확대된 사항의 경우도 있습니다.

　어쨌든 스테이크홀더가 요구하고 있다는 사실은 변치 않으므로 들었든 못 들었든 말다툼을 해도 어쩔 수 없습니다.

　프로젝트 매니지먼트로서는 요구사항을 문서에 기술하고, 필요성, 긴급성을 스테이크홀더들에게 확인하고, 범위 변경 등을 해야 할지의 여부를 판단해야 합니다.

　요구사항을 정리해서 다음날 스테이크홀더에게 확인하면, 필요하긴 하지만 당장 필요한 건

제5장····프로젝트를 컨트롤한다

아니고 프로젝트 완료 후에 별도로 대응해도 되는 경우도 있습니다. 다른 방법으로 요구사항을 대응할 수 있다는 것을 알게 되어, 필요성이 떨어지는 경우도 있습니다.

한편, 지금까지 아무도 눈치 채지 못했지만 그 요구사항에 대응하지 않으면 프로젝트의 목표를 달성할 수 없는 경우도 있습니다.

갑자기 스테이크홀더에게 받은 요구사항을 없었던 일로 할 수는 없습니다. 하지만 조금이라도 더 빨리 대응할 수 있는 단계에서 스테이크홀더와 적절하게 정보교환을 하는 것에 따라 요구사항을 끌어낼 수 있습니다. 구체적으로는 프로젝트 계획 작성 시에 스테이크홀더와의 정보교환 방법이나 타이밍을 검토하고, 그것을 실시하는 것입니다. 정보를 교환해야 할 내용이나 타이밍, 방법은 스테이크 홀더에 맞춰 고려해야 합니다.

메일로 정기적으로 프로젝트의 상황을 보고하면 되는 스테이크홀더도 있고, 정기적으로 방문하여 말로 설명하는 편이 나은 스테이크홀더도 있습니다.

정보교환을 할 때 요구하는 것이 프로젝트 매니저의 커뮤니케이션 능력입니다. 상대방의 상태나 감정 등을 고려한 적절한 대응이 필요합니다.

프로젝트에 강한 영향력을 가진 스테이크홀더가 불만을 느낀 경우, 바로 이야기하러 가는 것은 대부분의 경우 적절한 대응이라 합니다. '그런 말은 들은 적이 없습니다.'라고 메일로 답장을 보내면 불만이 화로 바뀝니다.

이제까지 설명했습니다만 프로젝트 매니저에게 커뮤니케이션 능력은 필수입니다. 커뮤니케이션 능력은 학습보다 몸으로 익히는 스킬이므로, 프로젝트 매니지먼트에 관련된 사람은 계획적으로 학습할 것을 추천합니다.

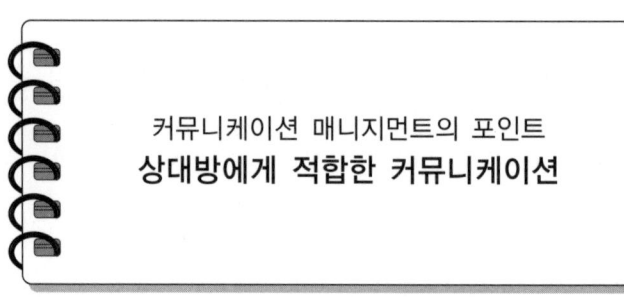

커뮤니케이션 매니지먼트의 포인트
상대방에게 적합한 커뮤니케이션

프로젝트 계획 변경

아무리 치밀하게 프로젝트 계획을 작성했다 하더라도, 실제 프로젝트는 예정대로 진행되지 않습니다. 스테이크홀더에게 받은 추가요구에 따라 범위가 확대, 조달이 지연, 작업스케줄 전체가 지연, 위험이 생기고 추가비용이 발생합니다. 계획을 이대로 두면 프로젝트를 추진할 수 없는 경우는 자주 있습니다.

프로젝트 계획대로 작업을 진행할 수 없게 되었을 경우, 상황을 파악하고 검토하여 적절하게 변경하는 일이 프로젝트 매니지먼트로서 해야 할 일입니다.

프로젝트 계획을 변경해야 할 경우, 변경할 대상과 변경할 내용을 명확하게 하여, 문서로 남겨야 합니다. 그리고 관계자의 승인을 얻은 후에 프로젝트 팀에게 변경된 지시사항을 전달합니다. 또, 일정기간 후, 변경이 적절하게 실시되었는지 확인합니다.

프로젝트 계획을 변경해야 하는 일은 유감스럽게도 피할 수 없습니다. 보다 낫게 계획을 변경하는 경우도 있으므로 변경하는 것을 부정적으로만 보지 않고, 프로젝트에 꼭 필요한 것이라고 보아 대응해야 합니다.

대응할 때 주의해야 할 점은 프로젝트 내에서 철저하게 변경하는 것입니다. 프로젝트 계획이 변경되었는지 모르고 작업을 한 사람이 있다면 그것이 문제로 이어져 프로젝트 계획을 변경해야 할 가능성이 있기 때문입니다.

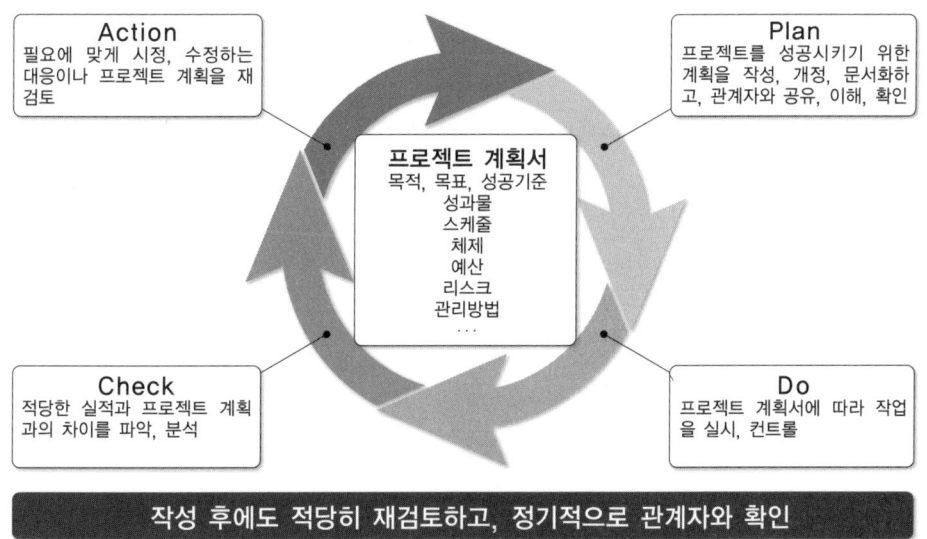

◆ 그림 5-3 프로젝트 계획 재검토

CHAPTER 6
제6장

성과를 얻고 프로젝트를 종료한다

6-1 프로젝트 작업 종료
6-2 프로젝트의 성과확인과 반성

■ 폴로 업
  • 프로젝트 종료 직전
  • 프로젝트의 마지막 작업

❖ 6-1 프로젝트 작업 종료

참가 멤버 즉,
반 친구들이
이걸 왜 하는지
목적을 확실히
공유했느냐 아니냐가
중요하다고 생각합니다.

반 전체가
하나가 되어 노력하는 게
축제의 묘미지요.
그러기 위해서는
반 친구들의 마음을 하나로
만드는 게 중요해요.

저희 반도 반장이
리더가 되어 전시를
성공시킨다는 목표를
명확하게 해서 반 전체가
적극적으로 작업할 수 있도록
여러모로 힘썼어요.

반장이
프로젝트 매니저의 역할을
담당하고 있었던 거군요.

❖ 6-2 프로젝트의 성과 확인과 반성

이번에는 기가전기 JP 스테이션으로 가자!

그래!

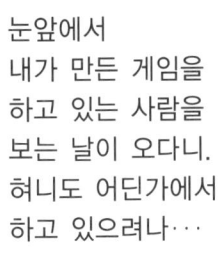

눈앞에서 내가 만든 게임을 하고 있는 사람을 보는 날이 오다니. 허니도 어딘가에서 하고 있으려나…

「GPS 기능 문제에 대한 업데이트 프로그램에 대해서」

서포트로 문의가 들어온 GPS 기능 문제에 대해서

다음 주 소프트웨어 업데이트로 대책 프로그램을 배포하겠습니다.

폴로 업

프로젝트 종료 직전

프로젝트가 계획대로 진행된 경우, 프로젝트가 끝날 때 즈음 차례대로 프로젝트 팀 멤버도 줄어듭니다.

한가해져서 조금 긴장이 풀리는 경우도 있습니다.

하지만 프로젝트가 완료할 때 까지 긴장하고 있어야 합니다. 프로젝트의 목표실현을 향해 빠진건 없는지 프로젝트 매니지먼트 팀으로 생각하고 행동하는 것이 프로젝트를 성공으로 이끄는 것입니다.

'프로젝트를 반드시 성공시킬 것이다! 프로젝트를 성공시키기 위해 내가 지금 해야 할 일은 뭐지?!' 라고 프로젝트 팀 멤버의 전원이 생각할 수 있는 상태가 되면 결과도 그것에 따른 것이라고 생각합니다.

프로젝트의 마지막 작업

프로젝트의 성공 여부는 결과만으로 판단하는 것입니다. 프로젝트가 성공하든지 실패하든지 프로젝트 매니저는 그것을 솔직하게 받아들여, 프로젝트 팀 멤버에게 전달할 책무가 있습니다.

결과가 어떻든지 프로젝트 팀 멤버에게 위로의 말을 해야 합니다. 성공은 멤버의 협력으로 얻은 결과이고, 실패는 프로젝트 매니지먼트의 준비가 부족했던 것이 낳은 결과입니다. 멤버에게 책임은 없습니다.

프로젝트 매니저는 프로젝트 마지막 작업으로 프로젝트 팀 멤버와 프로젝트를 다시 한 번 봐야 합니다.

프로젝트가 성공했다고 해서 프로젝트 매니지먼트가 완벽했다는 것은 아닙니다. 개선해야 할 점에 대해서 검토하고, 향후 프로젝트에 반영합니다.

프로젝트가 성공하지 못한 경우에는 다시 생각하는 것이 고통스러울지도 모릅니다만 실패로 배울 수 있는 것은 많습니다. 또, 프로젝트가 실패하더라도 잘 해낸 점에 대해서는 솔직히 평가하고 칭찬해야 합니다.

다시 본 결과가 미래의 프로젝트 매니지먼트 체계에 반영되어, 미래의 프로젝트 매니저에게 도움이 될 수 있기 때문입니다.

부록

결혼식 프로젝트를 매니지먼트하자

현대에는 일상생활 속에서도 여러 프로젝트와 관련될 기회가 있습니다. 이와 같은 생활에서의 프로젝트에서도 프로젝트 매니지먼트의 지식을 이용하면 좋은 성과를 얻을 수 있습니다.

한국인의 80% 이상이 경험하는 결혼식도 하나의 프로젝트입니다. 결혼식 프로젝트가 성공하기 위해 어떻게 프로젝트 매니지먼트를 해야 하는지 아래에서 소개합니다.

이는 프로젝트 매니지먼트를 쉽게 이해할 수 있도록 설명하기 위한 예이며, 이대로 실시한다고 하더라도 결혼식 프로젝트가 성공한다고는 할 수 없습니다.

실제 결혼식 프로젝트를 매니지먼트하는 경우에는 그 프로젝트 독자의 목표나 바람, 제약조건 등을 토대로 프로젝트 계획을 작성하고, 그에 따라 작업을 진행하십시오.

결혼 프로젝트

대부분 결혼식이란 여성은 어렸을 때부터 꿈꿔오던 일이고, 남성은 통과의례라고 생각합니다. 이 때문에 결혼식의 주연은 여성이고, 남성은 조연입니다. 하지만 결혼식을 올릴 때까지의 각종 준비나 양가 조정, 비용 산정 등은 남성도 협력하지 않으면 평생 잔소리를 들을지도 모릅니다. 한편, 결혼식을 성공시킨다면 그녀나 친척들에게 신뢰를 얻을 수 있고, 결혼 생활을 즐겁게 시작할 수 있습니다.

결혼식은 반드시 성공시켜야 할 프로젝트입니다!

인생의 일대의 프로젝트를 성공시키기 위해서는 프로젝트 매니지먼트를 어떻게 이용하면 좋을까요?

1. 프로젝트를 기획한다.

프러포즈를 하고, 서로의 마음을 확인한 다음, 식을 올리기 위해 무얼 하면 좋을까요? 상견례, 예물 교환, 결혼식장 선택, 드레스 선택 등 해야 할 일은 산더미처럼 있습니다. 하지만 우선 결혼반지를 고르거나 드레스를 고르는 등 흥미로운 일부터 시작하는 사람이 많습니다.

결혼식 프로젝트를 성공시키려는 프로젝트 매니지먼트의 관점에서는 이하의 순서로 검토하거나 작업하는 것이 바람직합니다.

① 전체의 감을 잡는다.
② 목적과 목표(=성공기준)를 명확하게 한다.

주) 본 기술은 필자의 경험 등을 토대로 일반적인 관습에 따라 결혼식을 올릴 경우의 남성(신랑)의 관점으로 기술했습니다.

③ 결혼식을 구상한다.
④ 체제(스테이크홀더)를 명확하게 한다.
⑤ 요구사항을 수집하거나 정리한다.
⑥ 작업을 선별한다.

① **전체의 감을 잡는다.**
결혼식에 참석해 본 사람은 많습니다만 결혼식을 기획, 계획하는 것은 처음 겪는 일일 것입니다.

우선, 결혼식이란 어떤 것이며, 어떤 형태가 있고, 어떤 작업을, 어떤 순서로 해야 할지 모를 것입니다. 또, 어떤 것이 힘든 작업이고, 준비기간이나 시간, 비용이 얼마나 필요하고, 결혼식 준비로는 어떤 것이 있는지 등, 향후의 계획이나 추진하는데 필요한 각종 정보를 수집하는 것부터 시작합니다.

예 : 예물 교환, 중매인, 결혼반지, 신혼집, 신혼여행, 혼인신고, 피로연 등

구체적으로는 결혼한 선배나 친구, 형제자매 등에게 물어봅니다. 또는 결혼에 관한 전문잡지나 인터넷 등을 이용해서 결혼식 전체의 감을 잡습니다.

본서에서 설명한 것과 같이 프로젝트에는 독자성이 있기 때문에 다른 누군가가 올린 결혼식과 똑같이 한다고 하더라도 성공한다고는 할 수 없습니다. 하지만 여러 정보를 접함으로서 결혼식을 진행하는 데 주의해야 할 점은 알고 있을 것입니다.

'○○를 생각하지 않아서 친척분들에게 혼났어.'
'○○를 해서 내빈객을 불쾌하게 했어.'
'○○때문에 그녀와 싸워서 열받아서 이 결혼 없던 걸로 하자고 했어.'
등 특히 실패담에는 중요한 정보가 들어있는 경우가 많습니다.

② **목적과 목표(=성공기준)를 명확하게 한다.**
다음으로 결혼식을 하는 목적과 목표를 둘이서 함께 생각하여 명확하게 합니다.

본서에서 설명한 것과 같이 프로젝트의 목적이나 목표에 따라 해야 할 작업은 다르므로, 목적이나 목표를 명확하게 하는 것은 프로젝트 매니지먼트의 관점에서 매우 중요합니다.

'이제까지 신세진 분들에게 대접한다.'
'이제까지 길러주신 양가 부모님께 밝은 모습을 보여드린다.'
'부부로서 생활을 시작하는 것에 임하여 구분 짓는다.'
등 결혼식을 올리는 목적은 여러 가지입니다.

결혼식의 목표는 직장에서 하는 프로젝트와는 달리 수치로는 나타낼 수 없습니다.
'결혼식에 참가하신 분들에게 결혼식 참 괜찮았다고 듣는 것'
'신부가 아버지의 손을 잡고 입장하는 것'

결혼식을 위해 준비해야 할 일은 매우 많기 때문에 점점 바빠지게 되면 자연스레 귀찮다고 생각하여, 식을 올리는 일, 나아가 결혼하기 싫어지는 경우가 생길지도 모릅니다. 결혼식에서 자기가 하고 싶은 대로 다 하면 예산이 초과되어 무언가를 포기해야 하는 경우도 있습니다.

그때 결혼식의 목적과 목표를 생각하면 다시 의지가 생겨 과감한 결단도 내릴 수 있게 됩니다.

'결혼이니까 일단 식을 올리자.'가 아니라 결혼을 왜 하는지(=목적), 결혼식으로 무엇을 얻을 수 있는지(=목표)를 우선 둘이서 생각하고 확인하는 것이 결혼식 프로젝트를 성공시키는 첫걸음입니다.

(참조)
「1-3 프로젝트의 목적과 성공기준」 P.17
제 1장 폴로 업 「목적이나 성공기준을 명확하게 한다」 P.34

③ **결혼식을 구상한다.**
다음으로 결혼식 프로젝트의 목적과 목표에 따른 결혼식의 기본적인 구상이나 방침, 가치관을 둘이서 생각합니다.

'식은 어디에서 올릴 것인가?'
'피로연은 여러 명이 갈 것인가? 아니면 친척들만 갈 것인가?'
'비용중시 아니면 둘의 요구사항 중시?'
'피로연 음식은 무엇으로 할 것인가?'

안타깝게도 이 시점에서 구상한 것이 모두 실현되는 것은 아닙니다. 뒤에서도 서술합니다만 다른 스테이크홀더의 요구나 제약조건 등에 따라 구상을 재검토하게 되는 경우가 많습니다.

그 이전에 최대의 스테이크홀더인 둘의 생각이 일치하지 않으면 결혼식 프로젝트가 성공하긴 힘듭니다.

④ **체제(스테이크홀더)를 명확하게 한다.**
이제부터 결혼식 프로젝트의 계획을 작성하는 데 주요한 체제(=스테이크홀더)를 명확하게 해야 합니다.

예를 들면 아래와 같이 생각할 수 있습니다.

- **프로젝트 오너**

둘이서 결혼하기로 마음먹고 식을 올리려고 한다면 프로젝트 오너는 신랑신부가 됩니다. 하지만 신랑의 시점에서 보면 신부가 프로젝트 오너라고 생각하는 편이 낫습니다.

보통 프로젝트는 프로젝트를 시작하고, 프로젝트에 자금이나 자원을 제공하는 쪽이 프로젝트 오너이고, 프로젝트 오너의 요구를 실현하는 것이 프로젝트의 목적, 목표입니다.

결혼식 비용은 신랑신부가 절반 또는 신랑 측이 많이 낼 수도 있지만 신랑이 생각하는 목표가 신부를 행복하게 해줄 수 있다면 신부를 프로젝트 오너로 생각하고 행동하는 것이 프로젝트가 원활하게 진행될 것입니다.

한편, 신랑신부가 아닌 양가 부모님의 강한 바람으로 결혼식을 올리는 경우가 있습니다. 이 경우에는 양가 부모님이 프로젝트 오너가 됩니다.

- **프로젝트 매니저**

결혼식 프로젝트를 향후 계획하고, 추진하는 프로젝트 매니저는 보통 신랑신부가 됩니다.

하지만 상기와 같이 신부를 프로젝트 오너라고 생각하면 신랑은 프로젝트 매니저를 담당합니다. 프로젝트 오너의 바람을 실현하기 위해 넓은 시점에서 프로젝트를 바라보고, 각종 조정을 하면서 프로젝트의 계획을 추진합니다.

하지만 신랑 혼자서 프로젝트 매니지먼트를 하는 것은 아닙니다. 신부나 결혼식장에 오시는 분들도 프로젝트 매니지먼트를 지원해줍니다. 모두 마음을 합쳐 프로젝트를 성공시키기 위해 주도하는 것이 프로젝트 매니저의 역할입니다.

- **프로젝트 팀 멤버**

대부분의 결혼식 프로젝트의 경우, 프로젝트 오너나 프로젝트 매니저인 신랑신부가 겸임하여 프로젝트 팀 멤버가 되어 각종 준비를 하거나 결혼식 당일의 주역이 됩니다.

하지만 모든 걸 둘이서 하는 것이 아니라 식장 직원이라든지 친구, 양가 부모님도 준비하는 것을 도와주어야 합니다. 구체적으로는 결혼식 형태나 규모 등에 따라 다르기 때문에 이 시점에서는 도와줄 수 있는 사람을 생각해 두는 것만으로 충분합니다.

- **그 밖의 스테이크홀더**

프로젝트 계획의 작성하기에 앞서, 가장 먼저 해야 할 일은 스테이크홀더의 요구사항을 수집하고 정리하는 것입니다. 결혼식 프로젝트의 경우, 주요 스테이크홀더는 이하와 같은 사람들입니다.

신랑신부의 양가 부모님

둘이서 결혼하기로 합의하면 성인은 부모님의 동의가 없어도 결혼할 수 있습니다. 하지만 지금까지 길러주신 부모님에게 축복받으면서 결혼하고 싶을 것입니다. 특히 프로젝트의 목적이 이제까지 길러주신 양가 부모님께 밝은 모습을 보여 주는 것인 경우는 양가 부모님의 허락 없이 프로젝트를 진행하면 그 결과가 뻔히 보이지 않습니까?

그 밖의 친척

결혼은 둘이서 하는 것이 아니라 집안과 집안이 연을 맺는 것이므로 친척들의 의견도 수렴해야 합니다.

신랑신부를 소개시켜준 사람

맞선이나 소개로 두 사람이 만난 경우, 결혼이 정식으로 정해지면(=혼약) 가장 먼저 보고하고, 감사 인사를 전해야 합니다. 두 사람이 잘 맞을 거라고 생각해서 소개시켜준 것이므로 결혼한다는 것을 다른 사람에게 듣게 된다면 기쁜 반면에 섭섭한 마음이 들 것입니다.

신랑신부의 직장동료

앞으로도 신세질 것을 생각한다면 회사 상사에게 보고하는 것은 중요합니다. 특히 사내결혼인 경우, 결혼식에 초대할 사람을 둘이서 마음대로 정하는 것이 아니라 상사에게 상담하는 편이 좋습니다.

기타, 결혼식에 초대할 사람

결혼식에 초대된다면 반드시 참가하여 두 사람을 축복하고 싶지만 초대받는 쪽의 형편을 전혀 고려하지 않은 일정이나 장소라면 안타깝게도 참석하지 못하는 경우가 생깁니다. 또는 무리해서 참석은 하더라도 뒤에서 불만을 토로하는 사람이 생길 수도 있습니다.

(참조)
「1-5 스테이크홀더란?」 P.23
제 1장 폴로 업 「스테이크홀더의 역할 분류」 P.37

⑤ 요구사항을 수집하거나 정리한다.

주요 스테이크홀더를 명확하게 했다면 스테이크홀더에게 결혼 및 결혼식에 관한 의견, 요구사항을 확인해야 합니다.

앞에 서술한 것과 같이 결혼이나 결혼식은 두 사람의 생각이나 합의만으로 진행되지 않습니다. 스테이크홀더의 의견이나 생각을 무시하고 프로젝트를 진행한다면 결혼식 형태나 시간 재검토 등 큰 문제로 이어지는 경우가 많이 있습니다.

그래서 스테이크홀더의 요구사항을 가장 먼저 확인하여, 필요하다면 결혼식 목적이나 목표, 구상을 재검토합니다.

예를 들면 이하의 스테이크홀더의 의견이나 요구사항을 확인합니다.

신랑신부 양가 부모님

대부분의 결혼식 프로젝트에서는 최대의 스테이크홀더는 신랑신부의 부모님입니다. 요구사항을 듣기 전에 우선 결혼 승낙을 받아야 합니다. 특히 남성의 경우, 신부 측 부모님께 결혼하겠다는 인사를 드리는 건 큰 용기가 필요합니다. 단번에 승낙을 얻지 못할 수도 있습니다. 하지만 이를 피한다면 프로젝트는 성공할 수 없습니다. 신뢰를 얻을 수 있도록 진지한 태도로 결혼 승낙을 얻는 것이 중요합니다.

또, 무사히 부모님의 허락을 받았다고 해서 안심해서는 안 됩니다. 다음으로 결혼식에 관한 의견이나 요구사항을 확인해야 하기 때문입니다. 지역에 따른 관습이나 집안 내력에 따른 생각이 있는 경우, 그것을 무시해서는 안 됩니다.

또, 둘은 해외에서 식을 올리거나 피로연에 친척만 오는 것을 희망하더라도 예를 들면, 부모의 직장 상 성대한 피로연을 열 수 밖에 없는 경우도 있습니다. 또, 친족이 대부분 멀리 살고 있기 때문에 피로연은 친족이 되도록 많이 모일 수 있는 곳에서 해야 하는 경우도 있습니다.

양가 부모님이 상반된 요구를 하는 경우도 있습니다만 우선 요구사항을 듣고나서 정리해야 합니다.

신랑신부의 직장 동료

사내결혼이 아니라면 회사가 결혼에 대해서 이래라 저래라 요구를 하는 경우는 보통 없습니다. 하지만 몹시 바쁜 시기에는 피해줬으면 좋겠다고 생각하거나 피로연 음료를 선택할 때 계열사나 거래처의 음료수로 해줬으면 좋겠다는 등의 요구가 있을 수도 있습니다.

한편, 회사에서 거래가 있기 때문에 특정 결혼식장을 싸게 이용할 수 있는 혜택을 누릴 수도 있습니다. 공과 사는 별도라고만 생각하지 말고 상사나 선배에게 이야기를 듣는 게 바람직합니다.

(참조)
「2-2 요구사항 수집, 정리」 P.50
제 2장 폴로 업 「요구사항」 P.66

⑥ 작업을 선별한다.

스테이크홀더의 요구사항을 수집하고 정리했다면 프로젝트의 목적과 목표를 실현하고, 요구사항을 만족시키기 위해 필요한 성과물이나 작업을 선별합니다.

결혼식의 형태는 상관없지만 예물은 신랑 측에서 준비하여 신부 집으로 예물을 가지고 왔으면 좋겠다는 요구가 신부 측에서 있었던 경우, 결혼식 프로젝트의 작업범위로서 예물을 계획하고 실시해야 합니다.

결혼반지를 앞으로 구입할 예정인 경우, 결혼식 프로젝트의 작업범위로서 생각하는 것이 전체 비용을 관리하는 점에서 좋습니다.

이같이 결혼식 프로젝트를 성공시키는데 필요한 성과물과 작업이 명확해지면 그것들을 잘 관리할 수 있도록 세분화합니다. 결혼식을 올리는 데는 매우 많은 것을 준비하고, 여러 작업을 해야 한다는 걸 아실 것입니다.

이 세분화 작업에서 빠진 게 있으면, 결혼식 당일에 당황하게 되므로 확인하는 건 중요합니다 다만 걱정하지 않아도 됩니다. 대부분 결혼식장의 사람들이 서로 도와가며 작업하고, 대체로 작업은 결혼식장 직원이 진행합니다. 하지만 피로연은 레스토랑에서 하고 싶다든지 두 사람의 독자성을 가지고 싶은 경우는 둘이서 생각해야 합니다.

그럴 때에는 결혼을 한 선배나 친구, 형제자매 등에게 묻든지 결혼에 관한 전문잡지나 정보지, 인터넷 등을 참고로 작업합니다.

(참조)
「2-3 작업 선별」 P.58
제 2장 폴로 업 「범위와 WBS」 P.67

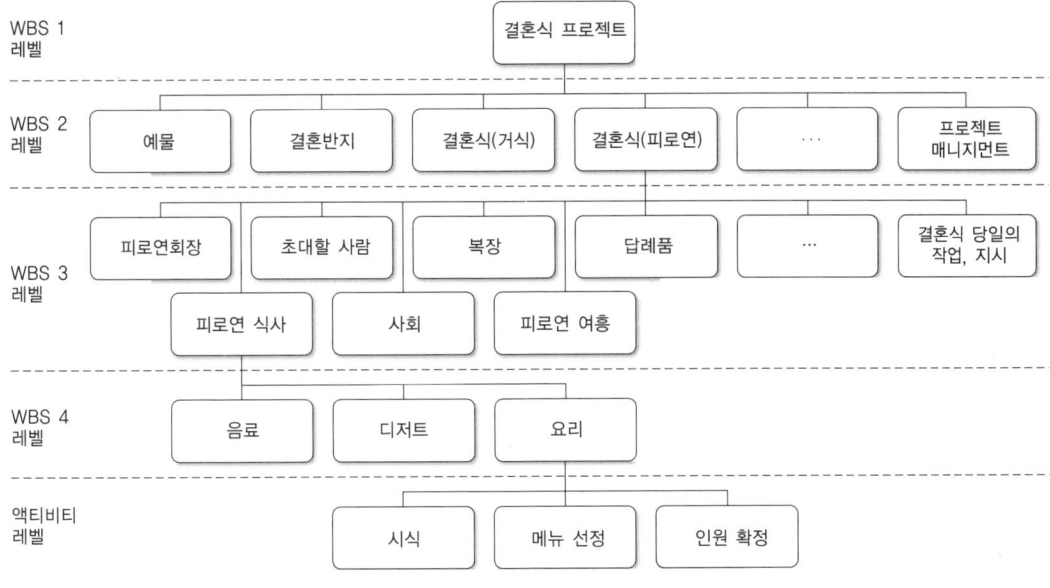

◆ 그림 A-1 결혼식 프로젝트의 WBS 예

2. 프로젝트를 계획한다.

결혼식 프로젝트에서 해야 할 작업이 명확해지면 구체적인 작업순서나 실시시간, 작업자 등을 생각하여 프로젝트 계획서를 작성합니다.

구체적으로는 이하의 순서로 검토 및 작업을 진행합니다.

① 작업순서와 산정을 한다.
② 작업 스케줄을 작성한다.
③ 예상되는 비용을 산정한다.
④ 프로젝트 계획서를 작성한다.

① **작업순서와 견적을 낸다.**
상기에서 산출한 결혼식 프로젝트의 성공에 필요한 작업(액티비티)의 순서를 정리합니다.

액티비티의 순서는 어느 정도 일반적인 순서는 있습니다만 결혼식의 목적이나 목표, 구상, 스테이크홀더의 요구에 따라 달라집니다.

한 결혼식장에서 거식과 피로연을 할 경우, 우선 결혼식장을 선택하고, 그 중에서 거식 스타일이나 피로연 회장을 결정하고 다음으로 피로연 식사 내용을 결정하는 순서입니다.

하지만 결혼식 목적이 초대한 분들에게 좋은 식사를 대접하는 것인 경우에는 음식에 따라 결혼식장을 고르는 경우도 있을 것이다.
　예 : ○○호텔의 스테이크가 맛있어서 그걸 대접하고 싶으니 그 호텔에서 피로연을 하자 등

　최근에는 피로연을 유명한 레스토랑에서 하거나 식을 교회 또는 성당에서 올리는 경우도 있습니다.

　다음으로 각 액티비티에 걸리는 기간을 산정합니다. 그 곳에서 결정되는 것도 있습니다만 참가자의 좌석 순위는 부모님 등으로도 상담이 필요한 경우가 있어, 어느 정도 기간이 필요합니다. 예를 들면 의상을 중요시 여겨, 한 번 본 것만으로는 결정할 수 없는 사람이 많을 것입니다.

(참조)
「3-1 작업순서와 산정」 P.70
제 3장 폴로 업 「액티비티」 P.87

② 작업 스케줄을 작성한다.
　액티비티의 순서와 각 액티비티에 걸리는 공수(工數)나 기간을 대충 계산했다면 작업 스케줄을 작성합니다. 주의해야 할 점은 대부분의 액티비티를 담당할 프로젝트 팀 멤버는 결혼 할 두 사람이라는 점입니다. 평일에는 일이 바빠서 시간을 낼 수 없는 경우에는 주말에 각종 준비를 하게 됩니다. 결혼식은 1년 후이므로 괜찮다고 안심하고 있는 건 금물입니다. 시간은 금방 지나갑니다.

　또, 결혼식장과 상의할 것은 많기 때문에 작업효율을 생각해서 한번 방문했을 때 상의하거나 조정할 수 있도록 액티비티 순서를 재검토해야 합니다.

　한명이 바쁜 경우에는 다른 한 사람만 혼자서도 할 수 있는 것은 미리 진행해야 합니다.

(참조)
「3-2 스케줄 작성」 P.76
제 3장 폴로 업 「스케줄을 작성할 때 주의해야 할 점」 P.89

③ 예상되는 비용을 산정한다.
　현시점에서의 결혼식 구상을 토대로, 결혼식 프로젝트 전체에 드는 비용을 계산합니다.

　아직 결혼식장도 정해지지 않고, 구체적인 금액도 모르므로 당연히 금액을 예상할 수밖에 없습니다. 결혼한 선배나 친구, 형제자매 등에게 경험담을 듣든지, 결혼에 관한 전문잡지나 인터넷 등을 이용해서 항목마다 필요한 예상 금액을 확인합니다.

다음으로 결혼식 프로젝트에 드는 결혼자금을 산출합니다. 결혼식에 드는 모든 비용을 두 사람이 미리 준비할 필요는 없습니다. 피로연을 하면 대체로 축의금을 받고, 비용의 일부는 양가 부모님이 지원해주시는 경우도 있습니다. 거기에 두 사람이 결혼식 때 쓰려고 모아둔 돈을 합한 것이 결혼자금이라 생각할 수 있습니다.

결혼자금으로 비용의 예상금액이 크게 넘어선다면 결혼식 구상을 재검토해야 합니다. 또, 돈이 모일 때까지 결혼식을 연장하는 사람도 적지 않습니다.

결혼식 프로젝트의 범위 외에도 돈이 드므로, 모아둔 돈을 전부 결혼자금으로 사용해서는 안 됩니다. 신혼집으로 이사할 이사비용과 가구를 구입하는 데 돈이 듭니다. 또, 신혼여행을 간다면 그 돈도 남겨두어야 합니다.

모두 좋은 것만 하고 싶어 하면 돈이 많이 필요합니다. 두 사람이나 스테이크홀더가 중시하지 않는 사항에 대해서는 비용을 가능한 한 억제하여 결혼자금에 여유를 두는 것이 결혼식 프로젝트를 성공으로 이끄는 방법입니다.

(참조)
「3-3 비용 산정과 예산 작성」 P.79
제 3장 폴로 업 「비용을 산정하는 방법」 P.91

④ 프로젝트 계획서를 작성한다.

이제까지 생각하여 정리한 것을 프로젝트 계획서로서 정리해둘 것을 추천합니다. 현실적인 계획인지 아닌지를 확인하기 위해서는 기술해두어야 합니다. 부모님에게 결혼자금의 원조를 부탁한다 치더라도, 어떤 비용이 얼마만큼 부족한지 확실히 해두지 않으면 생활력이 없다고 생각합니다.

그렇다고 해서 두꺼운 보고서를 만들 필요는 전혀 없습니다. 주요 항목에 대해서 이제까지 둘이 정한 것, 조사한 것 등을 기술하면 됩니다.

(참조)
「3-4 프로젝트 계획서 작성」 P.82
제 2장 폴로 업 「프로젝트 계획서」 P.63
제 3장 폴로 업 「프로젝트 계획서를 작성할 때 주의해야 할 점」 P.93

3. 프로젝트 작업에 착수한다.

둘의 결혼을 양가 부모님이 승낙하여, 결혼식 프로젝트의 프로젝트 계획서가 작성되면 계획에 따라 작업에 착수합니다. 본서에서는 처음에 킥오프 회의를 한다고 기술했습니다. 다만 주요한 프로젝트 팀 멤버는 결혼할 두 사람입니다. 향후, 둘이서 협력하여 작업을 진행할 것을 약속하고, 소박하게 축하파티를 하는 것도 좋습니다.

(참조)
「4-1 프로젝트 작업개시」 P.96
제 4장 폴로 업 「킥오프 회의」 p.129

구체적인 작업은 작업 스케줄에 따라 진행합니다. 이하에서는 몇 가지 작업을 소개합니다.

① 결혼식장을 정한다.
② 피로연의 여흥을 의뢰한다.
③ 결혼식 프로젝트의 리스크를 생각한다.
④ 프로젝트 팀의 의식을 합친다.

① **결혼식장을 정한다.**
결혼식장을 정할 때는 프로젝트 매니지먼트로 말하자면 『조달』이 됩니다. 프로젝트의 성공으로 이어지는 조달을 하기 위한 포인트는 이하의 3가지입니다.

- 조달할 것을 명확하게 한다.
- 조달처 후보를 찾는다.
- 조달처 후보를 비교하고 평가할 기준을 명확하게 한다.

이를 지키지 않고 닥치는 대로 결혼식장을 구하러 다닌다면 도중에 좌절하거나 서로 다투는 경우가 발생합니다.

결혼식의 구상으로 거식과 피로연을 같은 장소에서 할 것이라고 생각하고 있다면 조달해야 할 것은 두가지 시설을 모두 갖춘 결혼식장이나 호텔 등입니다. 거식은 다른 교회나 성당에서 올릴 것이라고 생각하고 있다면 피로연장으로 호텔이나 레스토랑 등을 조달합니다.

조달처 후보를 찾는 경우에도 무턱대고 찾으면 시간이 많이 걸립니다. 예를 들면 피로연회장으로 할 레스토랑을 조달할 경우에는 참석하신 분들에게 원하는 요리를 제공할 수는 있지만 예산에 맞지 않는 레스토랑이라면 비교하고 검토해도 아무런 의미가 없습니다.

레스토랑 가이드나 홈페이지 등을 막연하게 바라보고 있다고 작업은 진행되지 않습니다. 어느 정도 조건을 정하여 후보지를 찾아야 합니다.

또, 조달처 후보를 비교하고 평가할 기준을 미리 정해두어야 합니다. 식을 올릴 예배당이라면 A호텔, 피로연희장 시설은 B결혼식장, 전체가 호화스러운 곳이라면 C호텔 등 각각 좋은

부분만을 보면 한 군데로 정할 수가 없습니다. 돈이 충분하다면 원하는 것을 모두 만족하는 결혼식장을 찾을 수 있지만 결혼자금에는 한도가 있습니다.

　이번 결혼식 프로젝트의 목적과 목표, 스테이크홀더의 요구, 두 사람의 가치관이 기술되어 있는 프로젝트 계획서를 다시 읽고, 무엇을 가장 중시해야할 지를 생각해내어 비교하고 평가하기 위한 기준을 정해두면 납득할 수 있는 조달을 할 수 있습니다.

(참조)
「4-2 조달 매니지먼트」P.102
제 4장 폴로 업「조달」P.130

② 피로연의 여흥을 의뢰한다.
　피로연에 참가할 회사 동료나 친구에게 사회나 여흥을 의뢰할 경우, 기본적으로는 그 내용은 마음대로 맡깁니다. 의뢰받은 사람은 신랑신부를 생각하고, 또 피로연이 즐거워질 수 있는 사회나 여흥을 생각해야 합니다.

　하지만 결혼식에는 여러 생각을 가진 친척이나 내빈객도 있으므로 막무가내 사회나 여흥을 허락하는 것은 아닙니다. 자신이 좋다고 생각해서 한 사회가 너무 길어서 식장 분위기가 깨지는 경우도 적지 않습니다. 학생 때 놀던 걸 생각해서 너무 심한 연출을 해서 내빈객을 불쾌하게 만들었다는 이야기도 자주 듣습니다.

　친척이라면 몰라도 상대방의 친척이나 내빈객을 불쾌하게 할 만한 것이 있으면 이제까지 쌓아 온 신뢰를 잃게 됩니다.
　그렇게 되지 않기 위해서는 '검사보다는 예방'을 생각하여, 사회를 하는 사람에게는 규정시간보다 짧은 시간으로 부탁하든지, 해서는 안 될 말 등을 전달합니다. 조금 과격한 내용을 말할 것 같은 친구들에게는 상대방의 친척이나 내빈객들의 사정을 설명하고, 그것을 고려한 내용이나 발언으로 했으면 좋겠다는 것을 의뢰할 때에 미리 전달해두면 좋습니다.

　두 명이 희망하는 이상적인 피로연의 품질을 얻기 위해서는 '검사보다도 예방'을 생각하여 행동해야 합니다.

(참조)
「4-3 품질 매니지먼트」P.107
제 4장 폴로 업「품질」P.132

③ 결혼식 프로젝트의 리스크를 생각한다.
　결혼식 프로젝트의 리스크에는 어떤 것이 있을까요?

　결혼식 전에 일이 바빠, 식장에 온 사람들에게 건넬 선물을 다 준비하지 못하거나 신랑의 인사말이 완성되지 않았거나 몸 상태가 나빠지는 일은 자주 있는 일입니다. 또, 먼 곳에서 비행기를 타고 올 예정인 친척이 날씨가 좋지 않아 결항되어 참가하지 못할 수도 있습니다.

일이 바빠지는 리스크는 회피하기 어렵습니다만 결혼식 일정을 일이 바쁜 시기로 잡지 않으면 어느 정도 경감됩니다.

선물을 다 준비하지 못할 것 같은 리스크는 직접 만든다고 경솔하게 떠맡지 말고 프로에게 작업을 의뢰하면 돈은 들겠지만 회피할 수는 있습니다.

또, 먼 곳에서 오는 친척이 기상악화로 참가하지 못하는 리스크는 결혼식 전날 올 수 있도록 하면 다른 교통기관도 선택할 수 있게 되므로 리스크를 경감할 수 있습니다.

리스크가 현실이 되었을 경우, 곤란한 건 신랑신부입니다. 결혼식 당일에는 기분 좋게 결혼식을 올릴 수 있도록 가능한 한 리스크 대책도 세울 것을 추천합니다.

(참조)
「4-4 리스크 매니지먼트」 P.113
제 4장 폴로 업 「리스크」 P.134

④ **프로젝트 팀의 의식을 합친다.**
결혼식 프로젝트의 경우, 주된 프로젝트 팀 멤버는 결혼하는 두 사람입니다.

결혼식 준비는 둘이서 하는 첫 작업이므로 처음에는 즐거울 지도 모릅니다.
하지만 준비가 진행될수록 매 주말은 결혼식장을 상의하거나 집에서 준비를 하는 경우가 많아져, 데이트를 못하거나 쓸데없는 대화를 하는 경우가 있습니다. 그런 상황에 따라 우울증이 생기는 경우도 있습니다.

그렇게 되지 않도록 때로는 결혼식 준비를 잊고, 주말에 과감하게 데이트를 즐겨야 한다는 것을 프로젝트 매니저인 신랑은 알아두어야 합니다.

프로젝트 팀 멤버가 동기부여를 높게 가져 효율적으로 프로젝트 작업을 할 수 있도록 환경을 정비하거나 움직이는 것도, 프로젝트 매니지먼트를 담당하는 프로젝트 매니저의 역할입니다.

(참조)
「4-5 프로젝트 팀 매니지먼트」 P.117
제 4장 폴로 업 「멤버와 팀 매니지먼트」 P.135

4. 프로젝트를 컨트롤 한다.

신랑은 결혼식 프로젝트의 프로젝트 팀 멤버로서 결혼식 준비 작업을 진행해야 합니다만 동시에 프로젝트 매니저임을 잊지 마십시오. 프로젝트 매니지먼트를 담당하는 프로젝트 매니저로서 이하의 작업을 해야 합니다.

① 진행상황을 확인한다.
② 스테이크홀더에게 설명한다.
③ 프로젝트 계획을 재검토한다.

① 진행상황을 확인한다.

프로젝트 매니저는 정기적으로 프로젝트 작업의 진행상황을 확인합니다.

자신도 관련되어 있는 작업이라면 작업의 진행상황을 알 수 있습니다만 신부에게 맡긴 작업에 대해서는 상황을 파악하고 있지 못할 수도 있습니다. 신부입장에서 보면 신랑이 담당하고 있는 작업 상황에 대해서 이해하지 못할 수도 있습니다.

또, 둘 다 한 가지 작업에 집중한 나머지, 프로젝트 전체의 작업 상황을 잊어버리는 경우도 있습니다.

그래서 작업 스케줄을 토대로, 둘이서 각 작업의 상황에 대해 확인해야 합니다. 눈에 띄게 지연되는 작업에 대해서는 대책을 세워야 합니다.

신부가 웨딩드레스를 너무 많이 봐서 정하지 못하는 경우에는 신랑이 같이 가서 가장 어울리는 것을 골라 줍니다.

작업이 지연된다고 해서 신부를 비난해서는 안 됩니다. 애당초 스케줄에 문제가 있었을지도 모르고, 지연된 원인이 신부에게는 없을 수도 있습니다. 진행상황을 확인하는 것은 필요한 대책을 취하기 위한 것이지 상대방을 비난하는 것은 아니라는 것을 프로젝트 매니저인 신랑은 명심해야 합니다.

(참조)
「5-1 진행상황 확인」 P.140
제 5장 폴로 업 「적절한 진행 보고」 P.154

② 스테이크홀더에게 설명한다.

스테이크 홀더에게는 정기적으로 연락을 하여 프로젝트의 작업 상황을 설명해야 합니다.

결혼식 프로젝트의 최대 스테이크홀더인 신랑신부의 부모님에게는 정기적으로 연락하여, 지금까지 정한 것을 전달합니다.

'결혼식은 ○월 ○일 토요일에 하고 싶습니다.'
'결혼식장은 ○○로 하고 싶습니다만 괜찮습니까?'
'피로연 식사는 스테이크를 메인 요리로 하는 프랑스 요리로 하고 싶습니다.'

사전에 스테이크홀더에게 들은 요구사항을 만족한다면 강하게 부정하는 경우는 없습니다. 하지만 요구사항으로서 전달하는 것을 잊어버리거나 요구는 했지만 둘이 그 중요성을 이해하지 못한 경우에는 한번 결정한 계획을 재검토해야 합니다.

예를 들면 이하와 같은 대답이 있었던 경우 등입니다.
'○월 ○일 토요일은 불멸(佛滅)이니까 안 돼!'
'○○결혼식장은 조금 교통이 불편하니 먼 곳에서 오는 친척은 불편할 것 같구나. 교통이 편한 곳으로 정하는 게 어떠니?'
'친척들 중에는 어르신이 많아 고기를 못 드시니 생선요리는 어떠니?'

'모처럼 둘이서 결정한 건데!' 라고 생각할 수도 있습니다만 결혼식 당일에 친척들을 불쾌하게 하는 것이나 전혀 손대지 않은 메인 요리를 볼 것을 생각한다면 사전에 알게 되어 다행이라고 생각할 것입니다.

(참조)
「5-2 스테이크홀더에게 설명」 P.145
제 5장 폴로 업 「스테이크홀더 대응」 P.155

③ 프로젝트 계획을 재검토한다.

스테이크홀더의 추가요구나 프로젝트에서의 작업범위 확대, 예산 제약에 따른 구상 재검토 등은 결혼식 프로젝트에서는 자주 발생하는 일입니다. 프로젝트 계획을 재검토하는 경우에는 그 변경에 따른 영향범위를 확인한 뒤에 변경해야 합니다.

결혼식장의 일정변경은 타이밍에 따라서는 취소할 때 수수료가 들 수도 있습니다. 이미 안내장 인쇄를 부탁했다면 인쇄를 다시 해야 합니다.

결혼식장을 변경하는 것이 아니라 먼 곳에서 오는 친족들에게 기차역이나 공항까지 마중 나갈 버스를 준비한 경우, 버스를 예약해야 하는 작업이 늘어납니다.

프로젝트를 변경하는 건 당연한 것입니다. 짜증내거나 낙담하지 말고 프로젝트를 성공시킬 수 있는 대응을 생각하여 변경된 작업을 실시합시다.

(참조)
「5-3 프로젝트 계획서를 재검토」 P.151
제 5장 폴로 업 「프로젝트 계획 변경」 P.157

5. 성과를 얻어, 프로젝트를 완료한다.

결혼식 프로젝트의 경우, 결혼식 준비 작업에 긴 기간과 노력을 필요로 합니다만 결혼식은 단 하루입니다. 그 하루로 프로젝트의 성공 여부가 결정되는 것입니다.

프로젝트를 성공시키기 위해 결혼식 전후에는 마지막 작업을 해야 합니다.
① 결혼식 전날
② 결혼식 후 다시 생각해본다.

① 결혼식 전날

모든 준비 작업은 다 끝났겠지만 마지막으로 꼭 한번 더 확인합니다. 당일 지참해야할 것을 준비합니다. 시간이 있으면 인사하는 연습을 해두는 것도 좋습니다.

준비가 모두 끝났더라도 가장 중요한 것은 결혼식 당일입니다. 식을 올릴 둘이 주인공이 되는 날, 일생에서 가장 축복받는 날이니 실컷 즐기고, 결혼식 프로젝트가 성공할 수 있도록 당일 행동하기 위해서는 조금 휴식을 취하는 일이 신랑신부의 가장 마지막 준비 작업입니다.

(참조)
「6-1 프로젝트 작업 종료」 P.160
제 6장 폴로 업 「프로젝트 종료 직전」 P.173

② 결혼식 후 다시 생각해본다.

결혼식 당일에는 많은 사람들이 축하해주어 꿈만 같아서 금세 날이 지나간다고 느끼는 사람이 많습니다.

결혼식 후에 프로젝트 매니저인 신랑이 할 일이 3가지 있습니다.

첫째는 결과를 확인하는 것입니다. 결혼식 프로젝트의 경우, 실질적인 프로젝트 오너인 신부에게 결과를 듣습니다. 결혼식 프로젝트의 목적과 목표에 따릅니다만 신부가 결혼해서 너무 좋다고 생각하고 있다면 프로젝트는 거의 성공한 것입니다.

둘째는 프로젝트 팀 멤버들에게 감사하다는 인사를 하는 것입니다. 결혼식장에 온 사람들이나 스피치나 여흥을 해준 친구들, 또 최대 스테이크홀더이자 다방면에서 지원해 주신 양가 부모님께 감사하다는 인사를 합니다. 또, 준비작업의 최대 공로자인 신랑신부 자기 자신에게 해냈다고 칭찬합니다.

마지막으로 할 것은 프로젝트 전체를 통해 다시 생각해보는 것입니다. 예정대로 진행되지 않은 것이나 예정 외에 발생한 문제 등도 있을 수도 있습니다. 반성해야 할 일이나 후회되는 일도 있을 수 있습니다.

결혼식은 이미 끝났으므로 반성하는 건 부질없는 일이라고 생각할 수도 있습니다. 하지만 잘못을 명확하게 하는 것으로 내빈객에게 사죄의 연락을 드릴 수도 있어 결혼식에 대한 인상을 바꿀 수 있습니다.

또, 실패하거나 반성한 것은 친구나 후배가 결혼식에 대해서 상담했을 때에 유익한 정보를 줄 수 있습니다.

이 같은 유익한 정보가 모이면 언젠가 결혼식 프로젝트의 프로젝트 매니지먼트 지식체계가 완성될지도 모릅니다.

(참조)
「6-2 프로젝트의 성과확인과 반성」 P.166
제 6장 폴로 업 「프로젝트의 마지막 작업」 P.173

┌─────────────────── 참고문헌 ───────────────────┐
└───┘

- 広兼修著『新版　プロジェクトマネジメント標準　PMBOK入門』（オーム社）2010
- Project Management Institute, Inc.『プロジェクトマネジメント知識体系ガイド第4版（PMBOK® ガイド）』（Project Management Institute, Inc.）2009
- 高山直著『EQ　こころの鍛え方』（東洋経済新報社）2003
- 高山直著『人を動かす！EQマネジメント』（技術評論社）2005
- Gregory T. Haugan著、伊藤衡監訳『実務で役立つWBS入門』（翔泳社）2005
- 石井至著『図解　リスクのしくみ』（東洋経済新報社）2002

- 特定非営利活動法人　日本プロジェクトマネジメント協会　P2M概要について
  http://www.pmaj.or.jp/p2m/about_p2m.html
- IPMA®
  http://www.ipma.ch/
- 国立社会保障・人口問題研究所の人口統計資料集2011年版
  http://www.ipss.go.jp/

〈저자약력〉

히로카네 오사무(広兼 修)

주식회사 Fusion 대표이사
미국 PMI 인정 PMP
동경공업대학 대학원석사과정 졸업

외국자본 컨설팅회사에서 기업의 경리, 제조, 인사업무에 필요한 컴퓨터시스템의 구상, 설계, 계발에 종사. 그 후 외자 ERP 밴더로서 컨설팅부문을 시작하여 판매, 물류소프트웨어의 도입 책임자로 종사.
1999년 주식회사 Fusion을 설립, 업무 및 시스템의 컨설팅, 프로젝트관리 지원, IT 전략입안, 기업의 CIO 보좌 등을 중심으로 활동하고 있다.

http://www.future-vision.co.jp/
E-Mail : hirokane@future-vision.co.jp

● 만화 제작   주식회사 트렌드 프로/북플러스
　　　　　　1988년에 창립, 만화, 일러스트를 사용한 각종 기획·제작 프로덕션, 일본 최대의 실적을 자랑하는 주식회사 트렌드 프로의 제작 노하우를 서적 제작으로 특화시킨 서비스 브랜드가 바로 북플러스입니다. 북플러스는 기획·제작을 총괄하는 업계 굴지의 팀입니다.

● 시나리오   akino
● 작화   さぬきやん
● DTP   주식회사 이필드(e-field)

만화로 쉽게 배우는 시리즈

만화로 쉽게 배우는 **반도체**

시부야 미치오 지음
강창수 번역
196쪽 | 17,000원

만화로 쉽게 배우는 **CPU**

시부야 미치오 지음
최수진 번역
260쪽 | 17,000원

만화로 쉽게 배우는 **암호**

미타니 마사아키, 사토 신이치 지음
이민섭 감역 | 박인용, 이재원 번역
240쪽 | 17,000원

만화로 쉽게 배우는 **머신러닝**

아라키 마사히로 지음
이강덕 감역 | 김정아 번역
216쪽 | 15,000원

만화로 쉽게 배우는 **유기화학**

하세가와 토시오 지음
이은부 감역 | 신미성 번역
208쪽 | 17,000원

만화로 쉽게 배우는 **생화학**

다케무라 마사하루 지음
오현선 감역 | 김성훈 번역
272쪽 | 17,000원

만화로 쉽게 배우는 **분자생물학**

다케무라 마사하루 지음
조현수 감역 | 박인용 번역
244쪽 | 17,000원

만화로 쉽게 배우는 **면역학**

가와모토 히로시 지음
임웅 감역 | 김선숙 번역
272쪽 | 17,000원

만화로 쉽게 배우는 **기초생리학**

다나카 에츠로 지음
김소라 번역
232쪽 | 17,000원

만화로 쉽게 배우는 **영양학**

소노다 마사루 지음
한규상 감역 | 신미성 번역
212쪽 | 17,000원

만화로 쉽게 배우는 **약리학**

에다가와 요시쿠니 지음
김영진 번역
240쪽 | 17,000원

만화로 쉽게 배우는 **프로젝트 매니지먼트**

히로카네 오사무 지음
김소라 번역
208쪽 | 18,000원

만화로 쉽게 배우는 **사회학**

구리타 노부요시 지음
이태원 번역
218쪽 | 16,000원

만화로 쉽게 배우는 **우주**

이시카와 켄지 지음
이태원 감역 | 양나경 번역
248쪽 | 16,000원

만화로 쉽게 배우는 **기술영어**

사카모토 마키 지음
박조환 감역 | 김선숙 번역
240쪽 | 16,000원

만화로 쉽게 배우는 **전파와 레이더**

나카츠카 고키, 노자키 히로시 지음
이중호 감역 | 김선숙 번역
240쪽 | 17,000원

※정가는 변동될 수 있습니다.

만화로 쉽게 배우는
프로젝트 매니지먼트

원제: マンガでわかる プロジェクトマネジメント

2011. 11. 14. 1판 1쇄 발행
2022. 10. 5. 1판 3쇄 발행

지은이 | 히로카네 오사무(広兼 修)
그 림 | 사누키 얀(さぬきやん)
역 자 | 김소라
제 작 | TREND-PRO
펴낸이 | 이종춘
펴낸곳 | BM (주)도서출판 성안당
주소 | 04032 서울시 마포구 양화로 127 첨단빌딩 3층(출판기획 R&D 센터)
      10881 경기도 파주시 문발로 112 파주 출판 문화도시(제작 및 물류)
전화 | 02) 3142-0036
      031) 950-6300
팩스 | 031) 955-0510
등록 | 1973. 2. 1. 제406-2005-000046호
출판사 홈페이지 | www.cyber.co.kr
ISBN | 978-89-315-8287-1 (17410)
정가 | 18,000원

이 책을 만든 사람들
책임 | 최옥현
진행 | 김해영
전산편집 | 김인환
표지 디자인 | 박현정
홍보 | 김계향, 이보람, 유미나, 이준영
국제부 | 이선민, 조혜란, 권수경
마케팅 | 구본철, 차정욱, 오영일, 나진호, 강호묵
마케팅 지원 | 장상범, 박지연
제작 | 김유석

이 책은 Ohmsha와 BM (주)도서출판 성안당의 저작권 협약에 의해 공동 출판된 서적이므로 BM (주)도서출판 성안당 발행인의 서면 동의없이는 이 책의 어느 부분도 재제본하거나 재생 시스템을 사용한 복제, 보관, 전기적 · 기계적 복사, DTP의 도움, 녹음 또는 향후 개발될 어떠한 복제 매체를 통해서도 전용할 수 없습니다.

■ 도서 A/S 안내

성안당에서 발행하는 모든 도서는 저자와 출판사, 그리고 독자가 함께 만들어 나갑니다.
좋은 책을 펴내기 위해 많은 노력을 기울이고 있습니다. 혹시라도 내용상의 오류나 오탈자 등이 발견되면 **"좋은 책은 나라의 보배"**로서 우리 모두가 함께 만들어 간다는 마음으로 연락주시기 바랍니다. 수정 보완하여 더 나은 책이 되도록 최선을 다하겠습니다.
성안당은 늘 독자 여러분들의 소중한 의견을 기다리고 있습니다. 좋은 의견을 보내주시는 분께는 성안당 쇼핑몰의 포인트(3,000포인트)를 적립해 드립니다.
잘못 만들어진 책이나 부록 등이 파손된 경우에는 교환해 드립니다.